熬通宵也要读完的大晋史

覃

勇

著

台海出版社

图书在版编目（CIP）数据

熬通宵也要读完的大晋史 / 覃仕勇著 . —北京：台海出版社，2019.11（2025.1 重印）

ISBN 978-7-5168-2457-3

Ⅰ . ①熬… Ⅱ . ①覃… Ⅲ . ①中国历史—晋代—通俗读物 Ⅳ . ① K237.09

中国版本图书馆 CIP 数据核字（2019）第 232986 号

熬通宵也要读完的大晋史

著　　者：覃仕勇

责任编辑：俞滟荣

出版发行：台海出版社

地　　址：北京市东城区景山东街 20 号　　邮政编码：100009

电　　话：010-64041652（发行，邮购）

传　　真：010-84045799（总编室）

网　　址：www.taimeng.org.cn/thcbs/default.htm

E-mail：thcbs@126.com

经　　销：全国各地新华书店

印　　刷：天津中印联印务有限公司

本书如有破损、缺页、装订错误，请与本社联系调换

开　　本：710 毫米 × 1000 毫米　　1/16

字　　数：190 千字　　印　　张：13.5

版　　次：2019 年 11 月第 1 版　　印　　次：2025 年 1 月第 2 次印刷

书　　号：ISBN 978-7-5168-2457-3

定　　价：48.00 元

前　言

晋朝上承三国，下启南北朝，分为西晋与东晋两个时期。

两晋共传十五帝，享国一百五十五年。

其中西晋为中国古代历史上九个大一统朝代之一。

以此看来，晋朝在中国古代历史上所占的比重可不小。

但是，西晋的国祚只有五十一年，而若从灭东吴的时间点算起，时间更短，仅有三十七年，存在感并不强。

存在感不强就算了，很多史学家治史，论及西晋，都会毫不留情面地指出一个冰冷、残酷的事实：在西晋之前，包括三国时期，异族无不为华夏所服；而自西晋之后，出现了华夏被异族所服的现象。

所以，有人说：西晋王朝，就是中国由盛转衰、由强转弱的分界点。

根据这一观点往细里看，经过南北朝的长时间对峙，最终南陈被隋杨所灭，而隋杨之政承自北周，北周袭自西魏，西魏来自北魏。实际上，就是南朝灭亡于北朝。

由隋入唐，唐朝的武功貌似超佚汉代，但汉征匈奴，全凭汉人发力；唐守四方，多倚仗于蕃兵蕃将。唐衰沙陀入据中原之后，契丹、党项、女真、蒙古、满洲，纷纷入据，其中蒙古和满州更是据有全中国政权。

因此，偏激一点的史学家，会认为五胡乱华的流祸所及，长达一千六百多年！

按照中国历史通常的分法，是从公元420年刘裕代东晋建立刘宋算起，到公元589年隋灭陈这长达一百六十九年时间，被称为南北朝时期。

但是，有一种观点，即把公元316年晋愍帝受辱被杀视为晋王朝结束，而将公元317年晋元帝在建康称帝这一时间点视为南北朝时期的起点，认为南北朝时间共为二百七十三年，即南北朝中的南朝，共有晋、宋、齐、梁、陈五个政权。

不得不说，这一种分法也是很有道理的。

但东晋和西晋的统治者都来自司马氏，都是司马懿的子孙，论及司马晋，就应该以一脉相承的观点来进行系统述说，而不应该割裂分述，所以，本书《熬通宵也要读完的大晋史》将两晋归并在了一起。

这一点，与北宋、南宋颇为相似——其实，南宋与金国对峙的一百多年时间，也何尝不是另一个“南北朝时期”？

当然，东晋更加不如南宋，其国祚虽有一百多年，但苦守江南半壁，风雨飘摇，外有异族强敌觊觎，内有权臣跋扈，受尽窝囊气，国不像国，朝不像朝。

但东晋对历史的贡献也是可以看得到的：西晋灭亡，衣冠南渡，中原汉人南下，极大地促进了南方的大发展，中国经济中心逐渐南移，江南地区更是获得全面开发，从而繁荣兴盛。也因为东晋世家大族学术兴盛，哲学、文学、艺术、史学、科学、技术等方面都有新的发展，中国文化儒释道的融合，也主要发生在东晋一朝。

目 录

第一章　西晋的崩溃

西晋初期上层社会的奢靡生活：斗富

石崇斗富，是历史上非常有趣的话题。

老实说，炫耀的心理，人人都有，只不过，有些人比较克制，尽量低调；有些人爱嘚瑟，特别张扬。

石崇属于后者。

家里富可敌国，藏也藏不住，不如痛痛快快显摆一番，馋死你！

但话说回来，那时整个上层阶级都沉浸于奢靡享乐之中，炫富和斗富已经是一种时尚了，就连皇帝司马炎都参与进来了，也不能全怪石崇。

晋武帝司马炎为什么也支持和提倡这种活动呢？

彼时，三国归一，宇内大统，整个朝廷，从皇帝到各色文武官员，

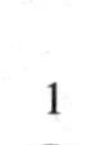

都认为四海升平，该享乐了。

司马炎本人还有一种想法，是希望全国上下都安于享乐，那么大晋江山就可以千秋万代了。

当时，他下诏将全国各州郡（除了边境地区以外）的军队全部解散，只以在大城市保留一百人，小城市保留五十人的兵力维持治安。

然后，他带头享乐，在后宫蓄养了上万美女。他每晚躺在一辆车上，由八只羊来拉，羊儿在宫中漫游，停在哪个美女的门前，该晚就宠幸哪个美女。

司马炎专事享乐，懒于政事，臣子便上行下效，文恬武嬉，奢侈之风大起。

大富豪石崇便是其中享乐炫富最突出的。

石崇于元康初年出京为南中郎将、荆州刺史、镇南蛮校尉加膺杨将军，对路过荆州的商人进行明火执仗式的抢劫，由此富甲天下。

石崇是怎么享乐和炫富的呢?

他在河阳金谷县的一块风水宝地上筑园建馆，号“金谷园”，园内富丽堂皇，处处饰以珍珠、玛瑙、琥珀犀角、象牙等物，金碧辉煌，宛如神宫仙殿。

在这座仙殿里，拉泡屎都能享受到神仙级别的服务——厕所不但修建得美轮美奂，四周陈设着绛色蚊帐、垫子、褥子等物，准备有各种的香水、香膏以供人洗手、涂脸。更有十多个衣着光鲜的艳丽婢女手捧香袋列队恭立，侍候着如厕者，帮如厕者净臀和换衣服。

拉屎都已经这样奢华，宴饮就更不用提了——除了每餐备有形形色色的珍馐美酒，还有数十个艳姬陪吃。

石崇设宴招待宾客，有一条残酷的规矩：侍立在每位宾客旁边的艳姬在劝酒时，一旦宾客杯中的酒没喝尽，就立即把劝酒的美人斩杀。

晋武帝司马炎的女婿、任给事黄门侍郎的王敦对石崇这条规矩半信半疑，故意不喝。结果石崇就当着他的面，连杀了三名艳姬。在座的人看事情闹大了，都劝王敦把酒干了，这事儿才算完。

石崇的嚣张激怒了司马炎的舅父王恺。

王恺家世显赫，祖上好几辈人做官，不信几代人积累起来的财富比不上石崇这个暴发户，于是和石崇斗富，也在家中大摆酒宴，让上百美女弹曲唱歌助兴，只要有一个美女唱错或弹错一个音符，立即当场放血。

为了让石崇自惭形秽，王恺还故意当着客人的面，让家里的厨师用麦芽、谷芽做成的糖水洗锅。

石崇忍俊不禁，说："糖水洗锅有啥了不起？我家以后用蜡烛来煮饭做菜！"

王恺一听，泄气了。

用蜡烛代替柴火来煮饭做菜，成本实在太高，而且，自己家里一时也找不到这么多蜡烛。

但是，不能输。

他换了个比赛方式：让人做了两匹长达四十里的紫色丝布，自己带领全家老少一起到郊外游玩，沿路就让人把丝布抖搂出来，做成两面"步障"，自己一家人在"步障"里面行走。

石崇哈哈大笑，命人连夜加工，赶制出了两匹长达五十里的五彩锦缎。次日，也让人拉成"步障"，自己带着几百名姬妾在里面来回行走，把王恺的四十里丝布彻底比了下去。

王恺来了个狠的，让人把家里的香料搬出来刷墙，把自家的房屋上上下下粉刷一遍，方圆几十里都一片芳香。

石崇不屑一顾，让人用从海外进口的赤石脂来刷房子。到了夜晚，房子发出的灿烂光华，亮彻了半个洛阳城。

人活一口气，佛争一炷香。

王恺决定向外甥晋武帝司马炎求援。

司马炎听说舅父被石崇斗败，也不服气，让人抬出自己的镇宫之宝借给舅父。

司马炎的镇宫之宝是一株两尺来高的海底珊瑚树，枝条繁茂，散发着宝石的光泽，世所罕见。

王恺见了此宝，眼珠子差点掉了下来，久久回不过神，最后鼓掌喝彩道："此宝一出，石崇必败。"

宝物抬回到家，摆在客厅中间，命人去请石崇来家里开眼。

石崇来了，见了珊瑚树，看了看王恺，二话不说，挥起手中的铁如意对着珊瑚树噼里啪啦一通乱砸，砸碎了一地。

王恺急得直跳脚，指着石崇的鼻子说："你是不是看见自己没有的东西就要砸？你赔我，你赔我，看你怎么赔我?!"

石崇看着王恺气急败坏的样子，仰天大笑，说："赔你赔你，毁一赔十，我赔你十棵更高更大更漂亮的！来人，把家里的珊瑚树都抬出来!"

石崇这一声喝，下人就忙碌开了，没多久，王恺家的大厅里就摆上了十棵全在三尺四尺以上的珊瑚树，树干粗大，枝条高举，光耀夺目，满堂生辉。

"完了!"王恺内心哀哀地叫了一声，瘫软倒地。

司马炎知道了这一结果，大为扫兴。

但是，他还有一件西域人进贡的由火浣布制成的衣衫，自信天下没有第二件，决定亲自出马，穿这件衣服到石崇家里杀杀他的威风。

司马炎华丽丽地出现在石崇家，不断抻衣掸袖，着意显耀身上的衣衫。

石崇终于弄明白了他的来意，嘿嘿冷笑，附在管家耳边说了几句话。

很快，后堂就出来了五十名家奴，身上穿着和司马炎一模一样的火浣衫!

司马炎的脸红一阵、青一阵，灰溜溜地走了。

石崇也因此成了历史上斗富名气最高的胜利者!

但是，如此张扬高调的斗富，也为他的死亡留下了祸根。

而司马炎如此身体力行地引导奢靡之风，也使全朝野笼罩在狂迷放纵的气氛之下，“侈汰之害，甚于天灾”，即西晋衰亡的征兆，已初露端倪。

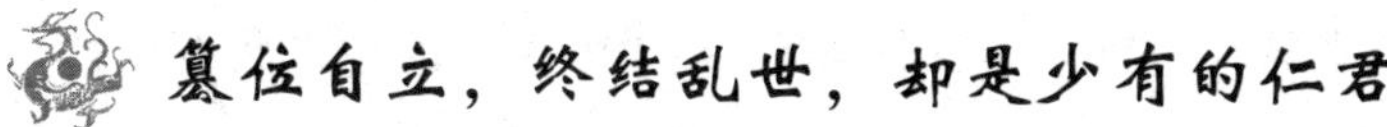

篡位自立，终结乱世，却是少有的仁君

说起晋朝开国之君晋武帝司马炎，如果不是细读历史的人，单凭司马炎篡魏及吞并吴蜀的功业印象，会认定这是一个强横跋扈之主。

但和其他开国君主相比，司马炎绝对称得上仁君。

比如说，司马炎虽然篡魏自立，却没有杀魏帝曹奂，而是封其为陈留王，并且准许他用皇帝仪仗，上书时不必称臣。

此举在中国古代历史上是独一份的。

另外，蜀汉后主刘禅投降被封为安乐公，吴主孙皓投降被封为归命侯，也都得善终。

司马炎和身边大臣相处，也非常随和。就算有大臣说他的坏话，或者拿他开玩笑，他也是一笑了之。

举几个例子吧。

山阳人满奋长得高大魁梧，却弱不禁风，受不得风吹。有次，他坐在司马炎旁边，看到北边窗户上竖有一屏风——屏风本身是不透风的，但因为本身质地的缘故，看起来有疏漏通风的感觉。满奋坐立不安，打寒战、畏冷。司马炎莫名其妙，问他却是为何。满奋哆嗦着说：“臣犹吴牛，见月而喘。”

满奋在这里说的“吴牛喘月”，指的是产于江淮一带的水牛，不耐热，看到月亮就以为是太阳，会卧倒在烂污泥里，望着月亮大口大口地喘气。满奋以之作喻，司马炎明白过来，哈哈大笑，立刻让人换上了一块新屏风。

又，魏征东大将军诸葛诞被司马家族所害，其子诸葛靓拒不仕晋。司马炎和诸葛靓是儿时好友，登帝位后，封诸葛靓为大司马。诸葛靓不

肯应诏，常背洛水而坐。司马炎思念旧日交情，很想见他，但是没有合适的理由，就让诸葛靓的姐姐诸葛妃宴请诸葛靓，自己再到诸葛妃家，装作是一场邂逅。他见了诸葛靓，情深款款地问道：“你还记得我们小时候的友谊吗?”诸葛靓一扭头，恨恨地答：“我因为不能像大刺客豫让一样吞炭漆身，所以才在今天又见到您。”随即泪流不止。司马炎听了，羞惭不已，起身离去。

诸葛靓的话，其实是很重的了，要学豫让吞炭漆身，那就是要杀人的意思了。

但司马炎只是引以为疚，羞惭而去，真是仁厚之君。

晚清文史学家李慈铭因此在《越缦堂日记》中称赞说：“晋武帝纯孝性成，三代以下不多得。”

说过了晋武帝司马炎，接着说说他的宝贝儿子晋惠帝司马衷。

千年以来，大家都骂司马衷智商不行，愚蠢。王夫之就老实不客气地骂：“惠帝之愚，古今无匹，国因以亡。”

事实上，司马炎也知道这个儿子资质愚笨，但总希望他好。

汝南人和峤是司马炎身边的重臣，历任太子舍人、颍川太中、给事贵门侍郎、中书令等职。某日，司马炎对和峤说：“太子近来似乎有所长进，你可以去看看。”和峤半信半疑，去考察了一番，回来后直接对司马炎说：“太子的资质和从前一样，没有任何改变。”

司马炎哭笑不得。

晋惠帝智商低，但有四大理由，晋武帝传帝位给他

西晋王朝是一个虎头蛇尾的王朝。

司马懿、司马师、司马昭、司马炎三代四人精心运作，篡朝代魏，并吞并了蜀汉、孙吴两国，结束了东汉倾覆后的大混乱，建立起了西晋

大一统王朝。

但是，西晋享国时间只有五十一年，随后，爆发八王之乱，出现了五胡十六国局面，大量百姓与世族开始南渡，南北朝长期分裂、互相对峙。

西晋王朝的早亡，跟西晋第二代帝王惠帝司马衷的智商不无关系。

司马衷是晋武帝司马炎和皇后杨艳所生的二儿子，很早就被册封为太子。

为什么不立大儿子而立二儿子为太子呢？

原因很简单：司马炎与杨艳所生的大儿子司马轨早已夭折。

司马炎共有二十六个儿子，其他都好，唯独司马衷是个智障。

司马炎之所以把太子之位传给司马衷，除了《周礼》上说的“传嫡不传庶，传长不传贤”那一套外，主要是杨艳的坚持。

实际上，杨艳所生除了司马轨、司马衷，还有一个司马柬。

这个司马柬相貌出众，智力超常。

如果单论太子位必出于自己亲生子的这一份私心，杨艳其实完全可以建议丈夫把太子位传给司马柬的。

但是，女人普遍有一个弱点——喜欢感情用事。

杨艳对司马衷天生脑残这一缺陷视为自己的责任，有强烈的负疚感，就一心想着要把最好的留给这个傻儿子，以此来做补偿。

司马炎虽然较为理智，但他少年时有过一段印象深刻的灰色记忆：他是司马昭的长子，但司马昭的功业是从兄长司马师那儿接替来的，为了报恩，司马昭一度想把晋王之位传给已经过继为司马师之子的二儿子来继承。最终，是大臣贾充等人力劝，司马昭才改变了初衷，这才有他司马炎的今天。

所以，司马炎总觉得现在的司马衷就是昨天的自己。

他想，我小时候智商也不高，也不受父亲待见，但权力过渡好了，不也照样坐拥天下？

因此，不管群臣怎么劝谏，司马炎夫妻坚决在司马衷九岁那年册封他为太子。

为了弥补司马衷智商的先天不足，夫妻俩给儿子请了最好的老师——尚书令卫瓘。

卫瓘是儒学大师，不是医学大师，医治不了脑袋疾病，无论他怎么教授，司马衷的智商还是没什么提高。

成年后的司马衷闹出过许多笑话，被记载在史册。

作为老师，卫瓘觉得无地自容。

在司马炎的一次家宴上，卫瓘趁着三分酒意，抚摸着司马炎的龙椅，喃喃地重复着一句话，说："这张龙椅太……太可惜了！"

司马炎知道他想表达什么，有几分不悦，却不便发作，假装糊涂地挥手说："老先生醉了，老先生醉了，来人，把老先生扶下去歇了吧。"

卫瓘的委婉劝告不起作用，以耿直著称的尚书和峤就直言相告，对司马炎说："皇太子为人厚道老实，但世事纷扰，他是担任不了国家大事的。"

司马炎的心事被戳中，蔫蔫地，说不出话。

司马炎身为开国之主，真不敢把国家大事视如儿戏，回头找杨艳商量。

而等他把改立太子的意思表达出来，杨艳马上一蹦三尺高，大骂司马炎是个两面三刀、出尔反尔的小人，说他要改立太子，就是坑害儿子，人面兽心，禽兽不如！

司马炎噤若寒蝉，不敢再提改立太子之事。

为了儿子司马衷以后可以稳坐江山，司马炎又琢磨出一个办法，想让儿子迎娶卫瓘的女儿。

前面说了，卫瓘是出了名的智叟，他一家上上下下的智商都很高，如果和卫瓘结成亲家，不但可以改善司马衷后代的基因，而大晋江山，也会得到卫家的倾力扶持。

但是杨艳心中的太子妃人选却另有其人。

杨艳和大臣贾充的老婆郭槐关系很好，是闺中密友，又收受了郭槐贿赂的奇珍异宝，想迎娶郭槐的女儿为儿媳。

前面也说了，司马炎能成为天下之主，与贾充的死力拥戴有很大关系。

一方面对贾家心怀感激，一方面是老婆喋喋不休的规劝，最终，贾充的长女贾南风被迎娶进宫。

贾南风很丑，除了长得黑矮肥胖外，脸上还有一记长着毛的大青痣，非常吓人。

丑就算了，关键是阴狠毒辣，到了宫中，飞扬跋扈，制造出许多杀人惨案。

贾南风入宫后的第三年，皇后杨艳病逝，临死前，担心傻儿子的太子位置被别人夺了，要求丈夫继娶自己的堂妹杨芷为皇后。

杨艳死，杨芷成了新一任皇后。

杨芷谨遵姐姐遗训，不但百般爱护傻太子，连对傻太子的老婆贾南风也是呵护有加。

但司马炎耳边少了杨艳那唐僧念咒式的絮叨后，脑筋也渐渐清醒，觉得把偌大一份家业留给傻儿子有点悬，决定试一把。

他找了个时间，把太子东宫里的大小官属都招至皇宫内宴饮赐酒，然后拣了几件还没有处理过的公文用大信封密封好，派人送给傻太子断决。

他特意叮嘱送公文的使臣就在东宫门外等太子的文件批复。

如果傻太子身边不是多了一个贾南风，这场考核将以交白卷收场。

丑婆娘贾南风的智商是正常的，她清楚这场考核关系到帝位的继承，赶紧派人到府外高薪聘请枪手。

枪手有意显摆显摆自己的才学，旁征博引地洋洋洒洒写了一大通，夹杂了不少的成语、典故。

丑婆娘没什么学问，不知好坏，准备就这样交差。

东宫有个名叫张泓的宦官劝阻说：“就这样交上去，十有八九要坏菜。”

贾南风大奇，扭头问他：“却是为何？”

张泓咳了几咳，亮了亮嗓子，指点迷津说：“太子知识有限，识字不多，这是人尽皆知的事情。你在御批文件上引古证今，一下子写这么多，皇帝看了肯定不会相信，到时追查起来，还不坏菜？”

“那，要你说，怎么办才好？”贾南风急了。

张泓狡黠地笑了笑，说：“很简单，不要过多地吱吱歪歪，就事论事，直接上结论。”

贾南风一听，觉得有理，就对张泓说：“那这事就交给你办了，你把这些长篇大论删了，要快，日后保你富贵荣华。”

张泓大乐，认认真真地修改了一遍，交傻太子抄好，由守在门外的使臣送交给了还在酒席之上的司马炎。

司马炎一看，嗬，傻儿子的字虽写得丑，字数也不多，但判词意思清楚，理事也颇为得当，竟远远地超出了原本的期望值！

这么想着，司马炎有几分飘飘然，乘着酒兴，喜形于色地把这些文件递给卫瓘，激动地说：“看看，这是太子批的，还过得去吧？”

他这一弄，周围的人都知道卫瓘有过诋毁太子的行为了。

卫瓘吓得魂飞魄散，赶紧挽救地说：“啊，想不到，想不到，太子竟已经大为长进了。”

司马炎更加高兴了，让人带上大批珍宝前去打赏东宫。

司马炎对傻太子满意，而对傻太子与宫人生的儿子司马遹更加满意。

司马遹小小年纪，很有几分当年司马懿的范儿，聪明过人。

据说，司马遹五岁那年，某个晚上，宫中失火，司马炎站起来要到栏杆上察看情况，司马遹死死拉住他的衣角不让去。

司马炎大感奇怪，问他为什么这样。

司马遹回答说："现在天色大黑，爷爷您在高楼看火，目标很明显，万一是刺客故意纵火引您出来的，就有危险了。"

这孩子了不得！

司马炎想，这帝位日后就交给他坐了。

怎么把帝位传给他呢？

正确的流程就是：先传给处于嫡长地位的傻儿子，日后再让司马遹以皇太子的身份继承帝位。

基于以上种种原因，不明就里的司马衷坐稳了太子位，并在司马炎病逝后顺利登上了帝位。

 白痴皇帝的这些表现足让许多"聪明人"汗颜

晋惠帝司马衷是历史上著名的白痴皇帝。

他的白痴代表作有两件。

某年夏天，司马衷与随从在华林园乘凉，听到池塘边传来嘹亮的蛙鸣声。司马衷觉得叫声很好玩，便问随从："这些东西咕呱地怪叫，是为官在叫还是为私在叫？"随从哭笑不得，只好敷衍他说："在官家池塘里叫的，就是为官在叫；在私人池塘里叫的，就是为私在叫。""哦，原来是这样。"司马衷若有所思地点点头，信以为真。

某年闹灾荒，老百姓没饭吃，天天都有饿死了人的消息传来。司马衷急得不行，对报告人说："没有饭吃，可以吃肉呀，怎么给饿死了？"报告的人听了，半天说不出话来。灾民们连饭都吃不上，又怎么有肉吃呢？真是个不可救药的白痴啊！

司马衷当上皇帝后，皇后贾南风乱政，八王乱起，他无力解决复杂多变的政治危机，西晋王朝很快崩盘。

客观地说，八王之所以能够此起彼伏地起兵作乱，司马衷的父亲晋武帝司马炎是要负很大责任的。

类似的情况，明朝也发生过一次：明成祖燕王朱棣发动的靖难之变。

当时的建文帝朱允炆可是明太祖朱元璋非常看好的帝王继承人，也没有人怀疑过他的智商。

而且，朱允炆手里还抓了一手好牌。

但朱允炆最终还是输了。

从这一点来说，司马衷的失败也就不足为奇了。

司马衷虽然是一个白痴，但他在失败过程中还是不乏闪光点的。

话说，永兴元年（304 年），东海王司马越劫持了司马衷，以皇帝的名义讨伐成都王司马颖。

在荡阴，司马越被司马颖打得屁滚尿流，在逃命的时候就顾不上司马衷了。

司马衷坐在辇车上，脸部受伤，身中三箭，百官及侍卫人员都纷纷溃逃。

司马颖的军士杀上来了，“竹林七贤”之一嵇康的儿子嵇绍挺身而出，誓死保卫天子。

乱兵不由分说，上来对着嵇绍就是一顿乱砍，鲜血直溅司马衷的衣襟。

司马衷急得大喊：“这是忠臣，不要杀。”

司马衷的喊话显得很幼稚，但却充满了真诚。

那些军士手脚不停，嘴里回答说：“奉皇太弟（司马颖）的命令，只是不伤害陛下一人而已！”

司马衷只能眼睁睁地看着嵇绍被杀。

司马衷脱险后，每天都穿着那件沾满了嵇绍鲜血的衣服上朝。

大臣们建议他换一件新的或脱下来洗干净。

司马衷不干，哭着说：“这上面是忠臣嵇侍中的血，千万不能洗去啊。”

满朝文武听了，耸然动容，感怀不已。

这哪里是什么白痴皇帝？分明是一个心地善良、真挚淳朴的谦谦君子啊。

就算是白痴皇帝，但比起那些满口仁义道德却忠奸不分的帝王来，还不知要强上多少倍呢。

“嘴炮”们大行其是的时代，王朝在清谈中步入没落

东汉末年，经过两次“党锢之祸”，天下儒生几乎被清洗一空，贤能忠义进步势力遭到了彻底摧毁。

国学大师钱穆在《国史大纲》中对“党锢之祸”中党人名士们的表现大感遗憾，叹息说，这些人过分看重道德，实是致命的缺点，如此至刚至硬，所以易折易断。

的确，在世态浇漓的乱世，这种刚劲的士风给遵循它的人带来的只会是毁灭。

这，就是党锢人士精神难以适应社会和难以延续的原因。

从此，士人们开始由儒入玄，或明玄暗儒，或随波逐流“与之俱黑”，将党锢名士的精神力量渐渐淡化。

到了曹魏篡汉、司马氏篡魏以后，统治者避开“忠义”不谈，一味力倡“孝廉”，鼓吹以孝治天下，提倡名教，着力规范人心。

沉溺于玄学的名士慑于严酷的现实刀斧，不敢妄谈国事、不敢轻言民生，专谈老庄、周易，渐渐盛行一种所谓的“清谈”之风。

名士们在清谈过程中，并不在乎“理之所在”，王导与殷浩清谈到三更时分，仍是“未知理源所归”，没能辩清楚道理何在，但彼此并不以之为憾，只是尽情享受清谈的过程。

而从王导与殷浩清谈至深夜不散的情形来看，清谈不仅仅是脑力活，还是体力活，讲口才、讲耐力。

实际上，从文献记载来看，名士间通宵达旦清谈的记录比比皆是。

比如说，孙盛与殷浩清谈，“至暮忘食”；刘惔与张凭“清言弥日”“留宿至晓”；裴頠每与从弟裴邈清谈，“终日达曙”；乐广与潘京在洛阳“共谈累日”；卫玠“至武昌见王敦，敦与之谈论，弥日信宿”……值得一提的是，王敦和卫阶清谈得高兴了，心满意足地对幕僚说：“当年王辅嗣曾吐金声于中朝，卫阶今日又玉振于江表，真是难得难得。”可是，就因为清谈过猛，卫玠体弱，身子骨不济，回去后竟然一病不起，早早就离开了人世。

说起来，卫阶的母亲向来知道儿子身体不好，是禁止他清谈的。只是卫玠初到江东，一心要卖弄一下自己的实力，置母亲的劝阻于不顾，最终误了性命！

高僧支道林到东山访谢安，与谢安清谈。谢安的侄儿谢朗只有七八岁年纪，也是清谈高手，兴致勃勃地和支道林一起研讨辩论玄理，高僧支道林抵挡不住，只好鸡生蛋、蛋生鸡地循环互辩，两人一同陷入困辱的地步。谢朗母亲王夫人在隔壁房中听见，生怕儿子像卫阶那样折腾坏了身子，心疼得不行，一再派人催谢朗回房睡觉。可是谢安觉得谢朗说得太精彩了，不舍得放谢朗走。王夫人爱儿心切，只好亲自出来，不避在座的众多陌生男人，埋怨着说：“我早年寡居，一辈子的希望就寄托在这孩子身上了。”流着泪将谢朗抱了回去。

清谈是这样劳神费力，但名士们还是乐此不疲。

历史上有名的兰亭聚会其实就是一场盛大的清谈大会。

那是永和九年（353 年）三月初三，会稽内史、“书圣”王羲之宴请亲朋谢安、孙绰等四十二人在兰亭修禊。彼时，群贤毕至，少长咸集，大家在曲水旁边排列而坐，一边饮酒，一边清谈，成就了一曲清谈史上的千古绝唱。

但名士们清谈的内容仅仅局限在有与无、生与死、动与静、名教与自然、多情或无情、声音的哀乐、言辞能否尽意等形而上的问题，停留在颓废、郁闷、执着、豁达、飘逸的虚无状态之中，实于世务无补。如果说，名士们全都是闲散在山谷竹林的世外隐士，那问题不大，但如果让这些名士担任了朝廷高位，那就会严重误国。

竹林七贤之一的王戎有一个堂弟，名叫王衍，就是一个担任了朝廷高位的大名士。

王衍十四岁的时候，父亲在名将羊祜手下任职，王衍曾代父亲到羊祜那里申报陈述公文的内容，没有表现出半点儿怯场，吐辞清楚，条理通晓。

羊祜十分惊奇，认为他长大了前途不可限量。

晋武帝司马炎的老丈人杨骏曾想把自己的另一个女儿嫁给王衍为妻。王衍居然不屑与晋武帝成为连襟，态度坚决，斥退了这门亲事。

晋武帝司马炎听说王衍这么狂，就问王戎，说王衍这么牛气哄哄，那当世还有哪个高人可以跟他相提并论?

王戎十分肯定地说："王衍此人，当世无双；要找跟他相提并论的人，只能从古代圣人中去寻求。"

王戎对弟弟的评价高得不能再高。

为了配合堂兄王戎对自己的评价，王衍就以子贡自比，专以谈论《老子》《庄子》为乐事。

在谈论玄学内容时，王衍手持一把白玉柄的拂尘，峨冠宽袖，衣襟飘飘，睹之犹如天人。

但在谈论过程中，王衍只顾一时爽快，经常出现自己推翻自己刚刚讲过的观点的现象，人们会忍俊不禁，讥讽他是"口中雌黄"。

即使这样，还是有许多朝廷高官仰慕他，称他为"一世龙门"，认为他应该做士族的首领。

曾经担任散骑侍郎的裴遐迎娶了王衍的女儿为妻，婚后第三天，和几个连襟相聚清谈，场面极为壮观。当时，还来了许多名士，以及裴、王两家的子弟。大名士郭向也躬逢其盛，大谈玄理。郭向和裴遐发起挑战，几个回合下来，胜负未分，不能快意，于是抖擞精神，把话题越铺

越远，汪洋恣意，许多客人招架不住，裴遐却应接有暇，不但有条不紊地述说郭向前面说过的话，还能把义理慢慢拓展，由浅入深，赢得一阵阵欢呼，王衍因此引以为豪。

王衍接连多年担任北军中侯、中领军、尚书令等朝廷要职，许多在职场上打拼的年轻人，都争相把他看成景仰和仿效的对象。

可以说，王衍所崇尚的浮华作风，就成了引导当世的时尚潮流。

但王衍身在其位不谋其事。在“永嘉之难”中，他身居太尉之位，却毫无作为，带领十万军队做了胡人石勒的俘虏。

临死前，王衍面如死灰，垂泪道：“唉！我堂兄王戎说我可以与古人相提并论，其实，即使我不如古人，平时只要不崇尚浮华虚诞，勉力来匡扶天下，也不会落到今天的地步！”

王衍的死，堪称名士的惨剧，也给爱好清谈的人士敲响了一记警钟。

然而，可悲复可叹的是，西晋之后的东晋名士们还是执迷不悟，对清议活动深爱有加。王羲之后曾高声呐喊，说：“虚谈废务，浮文妨要，恐非当今所宜！”但根本没有人听入耳内。

东晋王朝也就在名士的清谈中一步步走入没落。

关于清谈，后人的评价是：“虚无之谈，尚其华藻，此无异于春蛙秋蝉，聒耳而已。”

第二章　乱世来临

刘备的干孙子燔天称帝，开启一个大时代

西晋末年，“八王之乱”搅得中原大地动荡不止。

晋惠帝永兴元年（304 年）发生了荡阴之战。

成都王司马颖俘获了晋惠帝，准备在自己的封地邺城搞挟天子以令诸侯的把戏。

都督幽州诸军事王浚不满司马颖的所作所为，引乌桓部鲜卑族骑兵大举来攻。

鲜卑骑兵极其凶悍，一路连战连捷，势如破竹。

司马颖大为恐惧。

司马颖手下有一个匈奴族大将，姓刘名渊，曾经担任匈奴族五部大

都督，献计说，匈奴族五部骑兵的战斗力比鲜卑骑兵更强，不如由他回匈奴部的左国城请兵。

司马颖同意了他的建议。

临行前，刘渊一再告诫：鲜卑骑兵虽然厉害，但长于野战而短于攻坚，只要坚守不出，其粮食一尽，自然退兵。千叮咛万嘱咐司马颖万万不可出城自取灭亡。

然而，刘渊前脚一走，司马颖后脚就把他的嘱咐忘得一干二净。

司马颖把邺城的守军开到城外，列阵与王浚的步骑对砍。

这一战，幽州铁骑和鲜卑骑兵遂将骑兵的优势发挥得淋漓尽致，他们策马驰骋，来回包抄、纵横切割，把邺城的军队尽情蹂躏了个够。

司马颖感觉到邺城难于再守，逃往洛阳，最后死在东海王司马越的刀下。

这里主要不是说司马颖，而是刘渊。

刘渊是一个汉化极深的匈奴人。

早在汉高祖时代，汉朝就开始和匈奴冒顿单于和亲。随着和亲次数增多，一部分匈奴人和汉人相处的时间越来越长，他们的子孙渐渐承认了自己身上的汉人血统，和汉人越来越亲近。

刘渊的父亲刘豹就认为自己是汉朝公主的后人，身上流着汉高祖刘邦的血液，以刘为姓。

刘豹为左部首领，居住在太原的兹氏（今山西临汾）。

刘渊很小的时候，就显示出许多异于常人的地方。

他爱好读书，熟读《诗经》《京氏易》和《马氏尚书》，尤爱读《春秋左氏传》《孙吴兵法》。

这些书，很多汉人都没读过，一个匈奴人，竟然达到了通读的程度，太不简单了。

刘渊读《史记》《汉书》及诸子的著作，并不是被动地接受知识，而是喜欢在读书中带着问题思考和探究。

他对一起学习的同学说：“我每次阅读书传，都忍不住要鄙视古人，觉得他们档次太低了，难道是我比他们更高明吗？你们看，像随何、陆贾这些人，他们虽有文才而缺乏武功，而周勃、灌婴虽有武功却又缺少文才。道义是由圣人来发扬光大的，知识不全面，能成得了什么事？”

就因为有文武并重思想，刘渊在学习文化的同时，也专注于练习武艺。

他身材魁梧，身高八尺四寸，两臂奇长，善于骑射，力大过人。

屯留人崔懿之、襄陵人公师彧等当世名士见了他，都惊讶地赞叹道：“这人的形体、相貌太不平凡了，乃是世间罕有啊。”

晋泰始年间（270 年前后），刘渊作为匈奴部的人质羁居洛阳。

晋武帝司马炎见了刘渊，也有同样的感受，称赞说：“刘渊的容颜、仪表奇特，如果单从以貌取人的角度来说，我总觉得春秋的由余、汉代的金日磾也不能高出他。”有意让他担任统帅平定东吴。

幸有臣子及时劝阻，说：“正如您老人家所说，刘渊的才干现在既然没有人能与他相比，您又授予他这么大的权力，替他树立威望，那么，平定吴地之后，恐怕他就不会再回来了。”

一语惊醒梦中人，晋武帝司马炎于是把平定东吴的事交给了杜预和王濬等人。

晋咸宁四年（278 年），秃发鲜卑部在秦州、凉州作乱，晋武帝准备征发匈奴五部，由刘渊挂帅前去平乱。

又有大臣阻止了。

大臣们说：“刘渊若是能够平定凉州，斩杀树机能，恐怕凉州境内又要乱了。蛟龙得到云雨，就不再是池塘中无法施展能耐的小东西了。”

这样，刘渊又一次失去了脱离牢笼的机会。

为此，刘渊在九曲河滨为以游侠著称的东莱人王弥饯行时，纵酒长啸，叹息说：“今生今世，我只能老死于洛阳城内了！”

然而，阴差阳错。

惠帝元康末年，司马颖被任命为镇北大将军，镇守邺城，他竟启用了刘渊为宁朔将军、监五部军事，调到邺城以供驱使。

而当都督幽州诸军事王浚联络鲜卑族骑兵助战猛攻邺城时，司马颖又同意了刘渊回匈奴五部请兵的要求，这样，刘渊终于龙归大海，自由地兴风作浪了。

原本，匈奴部族目睹“八王之乱”兴起，就觊觎中原，蠢蠢欲动。

刘渊的从祖，原北部都尉、左贤王刘宣多次在匈奴部落首领的会议上提出说：“汉亡以来，魏晋代兴，我们单于，虽有虚号，却没有寸土的基业。现在司马氏骨肉相残，连环相斗，四海鼎沸，该是我们兴邦复业的时候了。左贤王刘渊的姿貌、风仪和才能超人绝世，上天倘若不是要光大单于，又何必虚生这种伟人?”

他们秘密推举刘渊为大单于，并把这一密谋悄悄传递给了在邺城中的刘渊。

现在，刘渊得归，当仁不让地登上大单于的宝座。

随后，他以离石（今山西西部，吕梁山脉中段西侧）作为匈奴各部的都城，仅仅花了半个月，就招集起五万多兵马。

那边，司马颖没有听刘渊的话，离开邺城，逃往洛阳，落了个惨死的下场。

刘渊叹道：“司马颖不听我言，以至溃败，真是个蠢材啊!”

他回头又对部众说：“自古没有永恒不朽的帝王，大禹出自西戎，周文王生在东夷，谁该做帝王，只是按德行的高低授予。现在，我们有精兵数万、良将千员，对付晋朝军队乃是以一抵十，灭掉晋朝就在转瞬之间。我即使不能效法汉高祖，至少也要成就魏武帝的功业。汉有天下年久，恩德深植人心，所以昭烈帝刘备据一州之地就可以与天下抗衡。我既是汉室的外甥，又与汉室约为兄弟，如今汉室的大旗跌落，我得把它重新举起来。依我看，从今以后，我们就用汉朝的国号，远尊后主刘禅，收取民心。”

刘渊能说出这样一番话，说明他读书还真没有白读。

最让人佩服的是，他还能追思汉朝的恩德，将自己与汉朝的甥舅关系、兄弟之约巧妙联系起来，重新拾起汉朝的大旗，以汉朝的招牌来收揽人心。

这已经不是一套普通的说辞或演讲了，而是一手极其高明的政治手段。

晋惠帝永兴元年（304 年）十月，刘渊在左国城南郊筑坛设祭，自称汉王，将自汉高帝以下的三祖五宗（太祖高帝、世祖光武帝、昭烈帝刘备、太宗孝文帝、世宗孝武帝、中宗孝宣帝、显宗孝明帝、肃宗孝章帝）供入宗庙，追谥蜀汉后主为孝怀皇帝，定年号为元熙，立妻呼延氏为王后，署置百官，任命刘宣为丞相、经师崔游为御史大夫、宗室刘宏为太尉，其余的人授官各有等差，大赦境内囚犯。

刘渊打出的“汉”字招牌果然吸引了成千上万的胡晋民众前来归附。

刘渊所建立的汉国（后改为前赵）即开启了五胡十六国的大时代。

公元 310 年，刘渊病死，被谥为光文皇帝。

崛起于草根，做过盗马贼，创一代帝业

羯族，又名“羯胡”，生活在上党郡（今山西潞城附近各县）的武乡、羯室一带。

该族族人大异于汉人，深目、高鼻、多须，以原始的部落形式为基本社会单位，过着简单、朴素的游猎和放牧生活。

武乡北原山下有一个羯人，名字叫訇。

訇原是大户人家的佃客，晋太安年间（303 年前后），并州（今山西大部及邻近的河北、内蒙古部分地区）发生饥荒，境内大乱，訇与一同做佃客的胡人逃亡，被北泽都尉绑缚起来，卖给人家做奴隶。

訇被贩卖到茌平（今山东省茌平县），天天被赶到地里干苦力活。

在訇劳作的附近，有一个牧马场，魏郡的贩马头目汲桑常来买马。

訇出生于游牧部落，对相马很有一套，和汲桑交谈，很得汲桑看重。

这个汲桑是清河具邱人，力能扛鼎，和訇意气相投，提议结为兄弟，一起去劫掠皇家马匹发大财。

朝廷在茌平县东部开设有诸如赤龙、骥等皇家马苑，里面喂养的都是上乘的宝马。

于是，訇和另外十六名奴隶一同与汲桑结拜，一起去盗马，成功地挖出了他们人生中的第一桶金。

晋永兴二年（305 年），匈奴人刘渊在黎亭称汉王，平阳人公师藩等在清河郡隃县（今山东平原南）起兵。汲桑与石勒等人一起前往投军。

投军前，汲桑让訇以石为姓，以勒为名——汲桑万不会料到，他临时起意所起的“石勒”之名，不久之后，竟会成为千千万万汉人的噩梦。

在乱世混战中，公师藩和汲桑先后战死，石勒领残部仓皇投奔刘渊。

刘渊可不是谁想投靠就可以投靠的，他向石勒索要投名状，要石勒去替他除掉乌桓部的伏利度。

石勒乃是一条丧家之犬，为了入伙，只好屈服于刘渊的无理要求。

让人诧异的是，目不识丁的石勒，居然无师自通地憋出了一条苦肉计：让刘渊痛揍自己一顿，扮演出一副苦大仇深的模样，打入了伏利度的队伍。

石勒得以在一次部族会议上成功绑架了伏利度，胁迫乌桓部归顺了汉国。

刘渊高高兴兴地任石勒为辅汉将军、平晋王，督山东（今太行山以东）诛讨诸军事，负责带领伏利度的乌桓部。

从此石勒独领一军，在汉水流域寇掠，拔新蔡、下许昌，打下了好大一块地盘。

让石勒名震四海的是晋永嘉五年（311 年）在苦县宁平城的一场杀戮。

该年正月，西晋王爷东海王司马越率洛阳的兵众二十余万讨伐石勒，途中，司马越病死，众人推举太尉王衍为主帅。

王衍是个主张清静无为的清谈名士，遇事能躲就躲，这次他推脱不过，只好像被赶上架的鸭子，当上了军队的最高指挥官。

但王衍没胆和石勒开战，玩了手虚的，以奉送司马越的灵柩回东海国为由，走为上。

王衍天真地以为，这一走，就可以逃离即将开打的战场。

哪料，石勒并不肯放过他们，率领轻骑连夜追赶。

四月初一，在苦县宁平城，追上了。

王衍的队伍有十余万之众，但他根本不懂指挥，被石勒的骑兵稍一冲击，便溃散得不成样子。

石勒纵声狞笑，大开杀戒。

十多万人像被围猎的猎物一样，在漫天的箭雨中丧生，尸积如山。

这一战，晋朝中央政府的有生力量全部毁于一旦，陪葬的还有大批的朝廷高层。

随后，石勒会同刘渊手下的汉将刘曜、呼延晏、王弥等人，顺利地攻陷了洛阳。

改年，即晋永嘉六年（312 年）二月，石勒在葛陂一带构筑垒壁，广造船只，准备攻打江南的政治经济中心——建业。

但大军出现了水土不服的现象，军中的士兵病倒了一大片，非战斗死亡人数过半，兵无斗志，军心浮动。

恰在此时，谋士张宾来投石勒，建议说：“邺城的铜雀、金虎、冰井，称之为三台之固，西接平阳，四塞山河，有喉衿之势，请将军用心经营，以据有黄河以北的地区，而黄河以北的地区一旦安定，天下莫有出将军之右者！”

石勒听了此一席话，犹如拨云见日，依计而行。

正是在张宾的指导下，石勒有了成形的战略方针，以襄国为根据地，先后灭了王浚、邵续与段匹磾等西晋在北方的势力，又吞并曹嶷，走上了一条王图霸业之路。

东晋咸和四年（329 年）十一月，石勒吞并关中、取上邽，灭前赵，紧接着，又北征代国，统一了除西北凉州和东北辽东以外的整个北中国，与东晋以淮水为界。

东晋咸和五年（330 年），石勒称大赵天王，行皇帝事。随后称帝，改元建平。

因淮水以南地势低湿，河水交叉，不适合骑兵驰骋，同时也觉得自己的后赵亟须休养，石勒就没有向东晋发动起大规模的侵略，他的功业也就此达到了顶点。

对于这个现状，石勒颇感满意。有一次，酒后高兴，他问侍臣徐光："朕可相比于古往今来哪一类开创基业的帝王？"

徐光谄媚说："陛下的勇猛和谋略超过汉高祖刘邦，卓越的才能胜过魏武帝曹操，老实说，依为臣看来，有资格能和陛下您相比的，也就只有轩辕黄帝一人而已！"

石勒被这一马屁击晕，心花怒放。

等屁气渐散，石勒还是冷静了一下，说："爱卿也许说得太夸张了，人还是得有一点点自知之明的。朕若逢汉高祖，必当北面而侍奉他，挥鞭与韩信、彭越之辈争先。若遇光武帝刘秀，当与他逐鹿中原，一分高下。大丈夫行事应磊磊落落，如日月光明，朕绝不会像曹孟德、司马仲达父子之流，欺他孤儿寡母，狐媚以取天下。所以，朕觉得，朕的才能当在刘邦、刘秀之间，哪能与轩辕黄帝相提并论？"

三皇五帝的事已经不可考，说白了，石勒一生最崇拜的偶像就是汉高祖刘邦。

他是奴隶出身，目不识丁，喜欢听别人讲刘邦的故事。

他最喜欢听郦食其劝刘邦立六国后人为王侯这一段。

每次听到刘邦准备采取郦食其的意见，要刻印授予爵位，他就故意装大惊状，尖叫道：“完了，这么做就会失去天下了，大事难成了，大事难成了！”一副懊恼无尽的样子。

等听到留侯张良及时地阻止了刘邦，他又装作很有先见之明的样子，说：“幸亏有张良啊！”

讲故事的人讲到这儿，停下来赞道：“陛下比汉高祖高明多了。”

其实，石勒以布衣提三尺剑建国，固然是世之豪雄。但他所建立的后赵，非但版图远不能与西汉、东汉相比，便是国祚，也远不能与两汉相较。两汉加在一起，统治时间长达四百多年。而后赵历经八主，三十三年而亡。

想想看，三十三年之间，走马灯似的出现了八位皇帝，政局是何等混乱。

造成这一恶果的人，就是自诩富于“先见之明”的石勒。

石勒明知自己的儿子孱弱，侄儿石虎雄暴强势，却没有采取任何措施，竟使得他死后短短两年，全部子孙被石虎屠戮得干干净净，为天下所笑。

石勒志得意满时，徐光曾含蓄地提醒过他：“皇太子文静温恭，中山王石虎残暴多诈，陛下一旦龙驭宾天，臣恐社稷必危，应渐夺中山王威权，使太子早参朝政。”

皇太子石弘的亲舅、右仆射程遐也直接对石勒说：“中山王石虎勇武权智，群臣莫制，其本性凶残，骄横不法，他的儿子都执掌朝廷兵权。陛下在，自然无事，应早除之，以安天下大计。”

石勒的回答却是：“现在天下未定，太子年幼，正要倚仗中山王辅佐。而且，中山王是我骨肉至亲，又岂会做出你所说的那种事来！嘿嘿，你是担心有中山王在，将来你无法以帝舅的身份擅权吧？”

瞧，就这种见识，居然也自称才能、智谋在刘邦之下、刘秀之上。

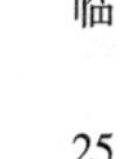

事实上，石虎的不臣之心已经很明显了。

石勒称帝，将大单于的名号封给了三子石宏，石虎就表现得极其不满。石虎私下里说：“主上自在襄国建都称王以来，端身拱手，尸位素餐，坐享其成，不劳而获，所有冲锋陷阵、攻城略地的事情都交给了我。二十多年来，南擒刘岳，北逐索头，东平刘鲁，西定秦雍，击平十三州，成就这些功业，还不全靠我石虎一人？大单于的称号应当授予我。主上昏昧，却授予那黄口小儿，想起来就叫人生气，饭也吃不下！等圣上停止了呼吸，我当灭尽其子孙！”

石虎听说程遐向石勒讲自己的坏话，暴跳如雷，作为报复，他在一个月黑风高的夜晚，派了几十个武艺高强的壮汉，闯入程府，将程遐按倒狂扁，并当着他的面，轮奸他的妻子、女儿，待拎上裤子，还不忘将府上的金银宝物掠夺一空。

说起来，程遐是太子的亲舅，他的妻女也就全都是太子的至亲，石虎却敢在石勒的眼皮底下干这等事情，可知他狂妄、残暴和无法无天到了何等程度。

让人觉得不可思议的是，石勒喜欢石虎，就因为石虎嗜血、残忍、敢杀。

石勒觉得自己这个侄儿杀人如麻，杀得天下人都害怕，替自己扫除了不少敌人，欢喜不尽。

他做梦也想不到，有一天，这个心爱的侄儿会把屠刀举向自己的子孙。

咸和八年（333 年）石勒驾崩，由太子石弘继位。第二年，石虎废黜石弘，并将石弘的母亲程太后及石弘的兄弟秦王石宏、南阳王石恢等悉数杀死，自称为居摄赵天王，开始了中国历史上的又一场荒淫无耻、血腥残暴的统治。

可笑石勒自比刘邦、刘秀，到头来，全部子孙被别人屠戮得干干净净，成了历史上的一大黑色幽默。

南宋史学家戴溪因此评价石勒说：“石勒胡儿，哪里真了解汉高祖？他的本事，比韩信、彭越还差得远！”

另一南宋史学家胡三省说得更直接：“勒欲并驱汉光武……多见其不知量也！”

 因为爱，皇帝把宠妃赐给了俘虏

汉赵昭武皇帝刘聪自小聪明好学，年纪轻轻就通晓经史和百家之学，更熟读《孙吴兵法》，写得一手好文章，又精熟武艺，能开三百斤硬弓，勇猛矫捷，冠绝一时，可谓文武全才。

刘聪二十岁后游历洛阳，大量结交京都名士，并混到了西晋右部都尉的官职，为父亲刘渊的造反起到了不小的作用。

西晋永安元年（304 年），刘渊聚众自立，建立汉赵政权，任命刘聪为抚军将军。

刘渊时代的汉赵政权，还是属于小打小闹的阶段。

西晋永嘉四年（310 年），刘渊病逝后，刘聪的兄长太子刘和即位。

刘和忌惮刘聪，准备对刘聪采取行动，让刘聪从地球上消失。

刘聪一怒之下，拥兵入宫，杀了刘和，请父亲刘渊最宠爱的单皇后所生的儿子刘乂登帝位。

刘乂年纪虽幼，但看着杀人已经杀红了眼的哥哥刘聪，相当清楚自己一旦真登帝位会有什么后果，断然拒绝。

刘聪由此顺水推舟，兴冲冲登上了帝位。

他对外扬言，等刘乂长大后就将皇位让给他，现在，先立刘乂为皇太弟，尊单皇后为皇太后。

单太后虽然被称为“太后”，其实不过三十多岁，风韵犹存。

刘聪移居皇宫，得睹芳容，情不自禁，就把这位小后妈揽入怀中。

新寡的单太后情迷意乱，难于抗拒，就半推半就，和刘聪同居了。

刘乂一时失去了理智，闯入宫中指责母亲。

单太后无地自容，羞愤而死。

心爱的人儿辞世，刘聪杀了刘乂后，为了疗伤，遍访美女。

刘聪打听到太保刘殷有两个美若天仙的女儿，就不顾同姓之义，将刘殷的两个女儿都强纳进宫中，封为左右贵嫔。

左右二刘贵妃不但善解人意，还谙熟风情。

刘聪大为满意，觉得刘殷家的女人都是世上奇珍，就向刘殷下了订单，要收购刘殷家的所有未嫁女人。刘殷已没有女儿了，但有四个孙女。刘聪不管不顾，就把这四个孙女一股脑接入宫中，全部封为贵人。

刘聪的后宫生活虽然混乱，但他却是一名开拓之主，登位后，创建了一套胡汉分治的政治体制，发兵攻破洛阳，俘获了晋怀帝司马炽，拓展大片疆土，成了名义上的中原共主。

永嘉五年（311 年）六月，刘聪在平阳接见了俘虏晋怀帝司马炽。

刘聪很有几分帝王气度，并不为难司马炽，大大方方地任命司马炽为仪同三司，封会稽郡公。

实际上，刘聪早年游历洛阳时可没少到司马炽府上蹭饭。

当时，司马炽为豫章王，每天大宴宾客，和宾客投壶射箭、诗歌唱和，是当时社会名流心中的偶像，同时也是社会底层子弟刘聪的偶像。

刘聪非常宠爱自己左右二刘贵妃，特别是小刘贵妃，刘聪认为千万宠爱尚未能表达出自己万分之一的情意，现在出身尊贵的偶像司马炽出现了，刘聪觉得非借这位偶像相帮不能如实表达自己对小刘贵妃的爱，就郑重其事地把司马炽介绍给小刘贵妃，让小刘贵妃获得自己之外的另一份爱。

司马炽虽说曾是西晋皇帝，但这时不过一介战俘，喜得佳偶，不免诚惶诚恐，将小刘贵妃带回府上。

由于西晋的遗臣在长安拥立了晋愍帝司马邺，刘聪多次发兵攻取无功，而且，爱情终究是有排他性的，刘聪太爱小刘贵妃了，他忍不住下手杀了司马炽，把小刘贵妃接回后宫，宠爱更胜从前。

刘聪对小刘贵妃的爱，称得上是中国历史上非常畸形、非常奇葩的爱情。

 此女连当两国皇后，贬损前任、盛赞现任

刘曜是匈奴汉国创建者刘渊的侄子，父母早亡，被刘渊收养于膝下。

刘渊曾带八岁的小刘曜上山围猎，忽遇暴雨，大家同在树下避雨。

突然，一个霹雳从半空劈下，电光闪动，声响震天，众人吓得全都仆倒在树下。刘曜却像个聋子、瞎子似的，充耳不闻、熟视无睹，神色自若。

迅雷响过，刘渊和其他人狼狈不堪地从泥水里爬起，看了刘曜的从容气度，不由得敬仰万分地说："此吾家千里驹也。"

刘曜长大成人，身长九尺三寸（按照丘光明《中国历代度量衡考》所载，晋代一尺相当于今 24. 38 厘米，则刘曜身高已达 2. 27 米），垂手过膝，白眉，目有赤光，须髯长五尺，性情拓落高亮，超凡脱俗。他博览群书，箭术娴熟，可以一箭洞穿寸余厚的铁板，有大志，常以乐毅、萧何、曹参自比。

刘渊起事后，刘曜初任汉国建威将军，率兵相继攻克泫氏（今山西省高平市）、屯留（今山西省长子县）、中都（今山西省太原市），为汉国在并州的发展奠定了基础。

不久，刘渊死，刘聪继位。刘曜一如既往，征战疆场，长驱入洛川，攻下西晋帝都洛阳，杀诸王公及百官以下三万余人，将晋怀帝、晋惠帝的羊皇后及传国玺送于平阳。

攻陷了洛阳，刘曜以功被署为车骑大将军，开府仪同三司，雍州牧，封中山王，奉命进攻关中。

他不久攻克长安，俘晋愍帝。

可以说，刘曜已成了匈奴汉国一等一的大人物。

而匈奴汉国自刘聪死后，其子刘粲贪图享乐，不理朝政，国力锐减，很快走向没落，朝内发生了靳准篡位事件。

于是，刘曜称帝，改国号汉为赵（史称前赵），改元光初，迁都长安；任用汉人士族，设立太学、小学；设单于台于渭城，任命其子刘胤为大单于。

刘曜登上了帝位，便立之前从洛阳掳来霸占为妻的晋惠帝司马衷的羊皇后为自己的皇后。

当年，赵王司马伦幽禁了晋惠帝的原配贾南风，便替晋惠帝立了她为皇后。

初次入宫，羊氏衣服无故着火，惹得司马伦连叫晦气。

后来成都王司马颖讨伐长沙王司马乂时，将羊氏废黜。

而等司马颖战败，羊氏很快复位；司马乂的部将张方攻入洛阳，又将她废了。

等晋惠帝还都洛阳，又将她复位。可这次复位时间也不长。

随着晋惠帝被毒杀，刘曜攻入洛阳，羊氏便落入了刘曜掌中。

刘曜有喜淫敌人妻女的嗜好，在历年的攻伐中收取了不少战败者的妻女。

刘曜在回平阳献俘途中就宠幸了羊氏，畅意之余，非常自信地问：“我与你的前夫司马衷相比如何?”

羊氏眉目带俏，娇羞无限地说：“他岂能和将军您相提并论呢！将军您乃开基之圣主，他不过是亡国之暗夫！他连自己的小命都不能保全，我作为他的妻子，屡遭臣属折磨羞辱，早已对人世绝望，日夜有咬舌自尽之心。哪里想得到今夜能得将军之甘霖雨露！我生长在深闺，一直以为世间男人都差不多。自从侍奉过您，才知天下有伟丈夫!”

羊氏这番话，向被后世史家诟病不已。

但也有人认为，羊氏这番话应是出自真心。

试想想，晋惠帝司马衷是中国古代历史上有名的傻子，嫁给他，能有多少夫妻之乐？而且，因为西晋内乱，风波迭起，作为皇室女子，真是生不如死。

而刘曜身长九尺三寸，目有赤光，又战功卓著，无疑是世间极品美男。

再说那刘曜，得到大晋皇后这样褒赞，美得不行，将羊氏日夜带在身边，饱享鱼水之欢。

甫得登基称帝，便立其为皇后，频频临幸。

羊氏因此得为刘曜连生三子，可谓幸福。

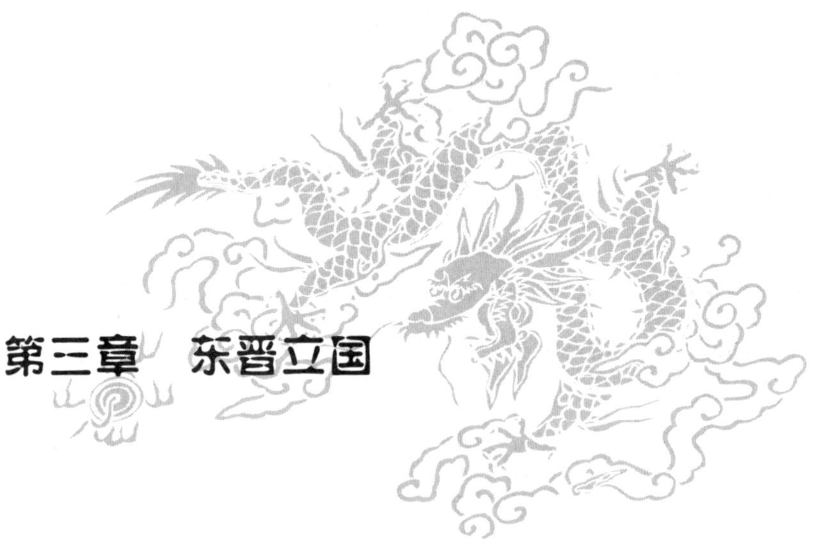

第三章　东晋立国

谚语“王与马，共天下”是怎么来的？看过这段，啥都明白了

东晋初年流行有“王与马，共天下”的说法，时间延续了二十多年。

现代人读这六个字，可能不知道里面包含的意义。

这里特别展开来说一说。

话说，西晋开国，若以灭东吴算起，国土面积是很大的，疆域北至山西、河北及辽东，与南匈奴、鲜卑及高句丽相邻；东至海；南至交州（今越南北部）；西至甘肃、云南，与河西鲜卑、羌及氐相邻，达五百四十三万平方公里。

但是西晋统治者自己作死，先是立了个脑袋不灵光的司马衷为帝，又立了个爱好争权夺利的妒妇贾南风为皇后，把政事搞得一团糟，这就引发了司马家的许多叔伯兄弟看着心烦意乱、嗓子眼里冒烟。

实际上，也有点怪不得司马家的这些叔伯兄弟。

想想看，当年的司马懿、司马师、司马昭父子虎视狼顾，睥睨天下的气势，是如何嚣张跋扈。

而司马懿可不只有司马师、司马昭两个儿子，他的其他儿子全都不是善类。

司马昭也不只晋武帝司马炎一个儿子，其他儿子中，还有比司马炎更优秀的。

司马炎的儿子众多，却选了一个最次的为接班人。

让这个接班人来掌管帝国，就像让一个三岁孩童守卫一个堆积着金玉珠宝的大宝库——守得了吗，他？

全天下人都垂涎三尺、虎视眈眈。

那么，与其让外人夺去，还不如自己家人抢到。

所以，司马懿的儿子、司马昭的儿子、司马炎的儿子，甚至司马师的儿子们，只要有一点兵权在手，都伸手来夺，于是引爆了帝国大动乱、大地震。

参与内乱的司马氏王爷已经难以统计了，其中影响力最大的，有八人：司马懿第四子司马亮、司马炎第五子司马玮、司马懿第九子司马伦、司马昭的孙子司马冏、司马炎第六子司马乂、司马炎第十六子司马颖、司马瑰之子司马颙、司马泰之子司马越，故此次内乱史称“八王之乱”。

这“八王之乱”已经导致西晋帝国内部迅速崩溃，外族又趁机风雨相侵，则西晋王朝的历史就定格在了公元316年，即从灭东吴算起，西晋只有三十七年国祚，悲夫！

“八王之乱”是一个历史悲剧，也成了异族入侵者口中的一个笑话。

永嘉奇祸之后，晋怀帝司马炽被匈奴人掳到平阳叩见汉赵皇帝刘聪。

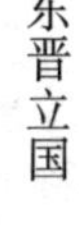

但是，后来的汉赵帝国灭亡也很悲惨，其子刘粲被权臣靳准所杀，且居于平阳的刘氏宗室无论少长皆斩于东市，刘渊、刘聪的坟墓被掘，刘聪的尸体被拖出斩首，刘氏宗庙全部毁于一炬。

汉赵大将石勒后来建后赵国，其侄子石虎在其死后，尽杀其子孙，篡夺了政权。

石虎很自大，经常搂着自己心爱的儿子，在文武大臣面前秀慈爱，拿西晋的“八王之乱”开涮，说：“朕就是想不明白，为什么司马氏父子兄弟要自相残杀，正是他们的自相残杀，才使朕有今天在中原称帝的机会。你等看仔细了，朕父子情深，怎么会舍得杀我的娇儿!”

石虎万万没有想到，在他咽气后，他的儿孙们便轰轰烈烈地上演了一出属于他们的石氏版“八王之乱”，参演主角有太子石世和石遵、石斌、石冲、石衍、石鉴、石苞、石祗七个宗王，一个不多，一个不少，刚好也是八个。

只能说，权力是一柄神奇的魔杖，谁对它产生了欲望，谁就会丧失理智。

话说回来，西晋灭亡了，司马氏的故事还没有完，有下集。

司马懿有个儿子名叫司马伷；司马伷有个儿子名叫司马觐；司马觐有个儿子叫司马睿。

插一下：这个司马伷曾在一个著名的历史事件中露过一会儿脸。

话说曹魏甘露五年（260 年），十九岁的魏帝曹髦听说了“司马昭之心，路人皆知”的流言，不甘心自家政权被司马氏取代，于五月初六夜里，拔剑登辇，率领殿中宿卫和奴仆们高喊着口号从永宁宫而出，气势汹汹地杀向司马昭的住宅，要放手一搏，与司马氏进行一次最后的较量。

当时，司马伷任屯骑校尉，在东止车门拦截曹髦的军队，但在曹髦左右的怒声呵斥下，司马伷的兵士一哄而散。

最后，是贾充出现，指挥太子舍人成济刺死了曹髦，这才镇住了局面。

说完了司马伷的不光彩经历，说回他的孙子司马睿。

司马睿世袭琅琊王，为人很低调，在“八王之乱”中，他尽量远离争端，避免战祸，以求生存。

荡阴之战后，东海王司马越在诸王相争中，势力坐大，司马睿为求庇护，就依附上了司马越。

司马越手下有一个参军，姓王，名导，字茂弘，小字阿龙。

那么，司马睿和王导就是“王与马，共天下”中的主角了。

王导的家乡在琅琊临沂（今山东省临沂市）——琅琊王氏，那是琅琊临沂的大门阀世族！

追溯这个族群的历史，可以从汉初开始。

战国四大名将：“起翦颇牧，用军最精。宣威沙漠，驰誉丹青。”

这里面的“翦”，就是王翦。

王翦不但自己牛，他的儿子王贲、孙子王离也同样牛。

秦灭六国，这王氏祖孙三代出力最多，皆受封列侯。

秦末，王离之子王元为避秦乱，即迁于琅琊临沂，成就了这一名门望族。

二十四孝故事中的“卧冰求鲤”的主人公原型王祥和二十四悌故事中“王览争鸩”典故的主人公工览，都出自这一伟大家族。

“竹林七贤”之一王戎和西晋最富名望的大清谈家王衍也是这一家族中的著名人士。

王导是王览的长子王裁所生，他有一个堂兄，名叫王敦，是王览的次子王基所生。

就是这两个堂兄弟，把王氏家族推向了一个最为鼎盛的时代——“旧时王谢堂前燕，飞入寻常百姓家”，王家比谢家还领先了好几个身位。

司马睿为琅琊王，与琅琊王氏交往密切，尤其与王导交好。

说起来，司马睿和王导还是同一年出生的，因为这层关系，更让他

们间的交往增进了几分亲切感。

司马睿依附上司马越后，得知王导和王敦哥俩一个在司马越手下任参军，另一个在司马越手下任扬州刺史，就向司马越申请，把他们哥俩要了过来，让王导担任自己的军事司马，让王敦担任军谘祭酒。

话说，西晋灭吴之初，朝中大臣都说“吴人轻锐，易动难安”，认为江东难于管理。

司马炎曾有封幼稚王子于吴的打算，时为淮南相的刘颂大惊失色，认为此议“未尽善”，主张以“壮王”“长王”出镇。此事拖延到了八王之乱前夕，吴王晏始受封，但是并未立国。

实际上，江东之地也的确难于管理。

俗话说，强龙难压地头蛇，江左侨姓门阀士族实力强大，地头蛇很多。

陈敏、钱璯等人相继叛乱，所幸江东大姓周玘动员世家大族，出钱出力出人，配合晋政府“三定江南”，致使西晋虽灭，江东还能处于一个比较安定的政治局面。

这才有了“衣冠南渡”“五马化龙”的奇迹。

所谓“衣冠南渡”，是指西晋永嘉元年（307 年），司马睿听从王导建议，出镇建邺（后改建康，今南京）。

“五马化龙”指的则是司马氏中的五位王爷：琅琊王司马睿、弋阳王司马羕、南顿王司马宗、汝南王司马佑、彭城王司马纮到达江东成就了王业。

渡江之初，王导深深地认识到，琅琊王司马睿要在江东立定脚跟，就必须取得江东大族的支持。

但是，司马炎刚刚灭亡东吴那会儿，中原人蔑称江东人为“亡国之余”，很伤南方士族的感情，现在的司马睿属于晋室中的疏亲，其本人资历又浅，人望又轻。故江东名士只是冷眼相看，都不愿主动到府里参见。

怎么办呢？

王导想了一个办法，对曾经担任过扬州刺史的堂兄王敦说："琅琊王仁义德行虽厚，但名望还轻，兄长在军界混了多年，威风已振，应该帮一帮他。"

正值三月游春时节，司马睿乘着肩舆，摆着全副仪仗，出外郊游，观看人们的修褉活动。

王敦和王导，还有一大帮北方名士就在后面恭恭敬敬地骑马跟随。

江东名士纪瞻、顾荣等人见了，都大吃一惊，不得不在路边拜谒。

王导因而再向司马睿献策说："古代的帝王，莫不礼敬故老，访当地风俗民情，谦虚克己，倾心招纳贤才。何况现在天下丧乱，九州分裂，大业草创，正是需要人才之时！顾荣、贺循，是江东有声望的名士，只要招纳了这两个人，别人自然就都肯来了。"

司马睿由是和王导前去造访贺循、顾荣，很快将两人招来。

吴地之人遂望风顺附，百姓归心。

司马睿以顾荣为军司，加散骑常侍；以贺循为吴国内史。其余的纪瞻、周玘、张闿等江东名流也都一一委以重任。

永嘉五年（311 年），洛阳倾覆，江东就成了一方净土，中原士族大批南迁。

临沂王氏、太原王氏、陈郡阳夏（今河南太康）谢氏、颍川鄢陵（今河南郡陵西北）庾氏等望族都陆续渡江南下。

王导劝司马睿起用南迁人士中的贤人君子，与他们共大事。

司马睿非常听劝，前前后后吸收了一百零六个人，安排他们在王府里做官。

这样，司马睿在王导的安排下，拉拢了江南的士族，又吸收了北方的人才，巩固了地位。

建武二年（318 年）四月，继晋怀帝司马炽被汉赵帝刘聪杀害后，晋愍帝司马邺也被刘聪杀害了。司马睿在群臣的劝说下登上了帝位，改元太兴，是为晋元帝，东晋王朝正式建立。

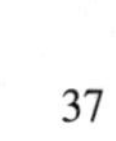

登位之日，司马睿盛情邀请王导同到御座上就座，王导固辞。

司马睿又再三邀请，王导解释说："若太阳下同万物，苍生何由仰照？"

司马睿这才作罢。

不过，也可以看出，这东晋政权，就是王氏同皇族司马氏共同建立起来的。

这"王与马，共天下"的说法，实是名不虚传。

 门阀时代来临

西晋末年的"八王之乱"引爆了中原地区的大动乱，觊觎晋家宝器的各色胡马争相涌入，大开杀戒，一时间烽烟四起、刀剑闪耀，人命贱如猪狗，处处尸山血海，民不聊生。

诚此晋祚存亡的危急关头，皇族司马氏五位王爷避战乱南渡过了长江，琅琊王司马睿在琅琊王氏家族的鼎力相助下在江左站稳了脚跟，定都建邺（今南京），建立东晋王朝。

《南史》所云："晋自中原沸腾，介居江左，以一隅之地，抗衡上国，年移三百，盖有凭焉。其初谚云：'王与马，共天下。'"

也就是从这时开始，东晋的门阀政治——即士族与皇权共治的格局也由此奠定，并维持了一个世纪之久。

门阀，乃是门第和阀阅的合称。门第指家族背景、地位贵贱，其中的"第"，指直接面向大街开的院门，这是古代身份地位高尚的标志。"阀阅"一词最早见于《史记·高祖功臣侯者年表》，即把功臣的功劳分五等，依次是勋、劳、功、伐、阅。功臣以及他们的后裔为了彰显自己的功绩，就会在大门两侧竖立两根柱子，左边的叫"阀"，右边的叫"阅"，用来张贴功状。因此，"阀阅"一词便指代家族功绩、官历等。

在功臣的权势庇荫之下，他们的后世子孙往往可以通过各种途径担

任朝廷的要职，形成家族、姓氏势力。

于是，人们称呼这样的家族为门阀。

门阀专门享有把持国家权力的特权，则形成了门阀制度。

在门阀制度盛行的时代，流行着这样一句谚语：“上车不落则著作，体中何如则秘书。”

什么意思呢？

是说门阀子弟出生后，只要长到坐车掉不下来的年龄，便可做著作郎；只要会写两句简单的问候语，便可当秘书郎。

也就是说，门阀制度造成国家重要的官职往往为若干家族所垄断，个人的出身背景对于其仕途的影响要远远大于其本身的才能特长。

这里有一个问题，门阀既然是这样一个好处多多的东西，那么，要怎么样才能成为它呢？

通常有两种途径：一，靠功业和德行，比如上面提到的“王与马，共天下”中的琅琊王氏家族；二，靠士族阶层在婚姻伦常领域的彼此提携与利用，这方面的代表是陈郡谢氏家族。

谢安的曾祖父谢缵在曹魏朝只担任典农中郎将，是个负责管后勤的小军官；而谢缵之前的先人，根本不载于史册，算不上什么人物，不值一提。

因此说，谢安的曾祖父谢缵一辈只能列为寒门、庶族。

到了谢安的祖父谢衡这一辈，官才算慢慢升上去，但还远算不上士族。

这样说吧，到了谢安的父亲谢裒和伯父谢鲲这一辈，谢裒已经担任吏部尚书、万寿子；而谢鲲也担任了长史及豫章太守，称得上是朝廷新贵了，可是他们陈郡谢氏仍然很受士族阶层的鄙视。谢鲲死时只能下葬在寒族人下葬的石子冈。

甚至到了谢安这一辈，谢安的堂兄谢尚已经官拜尚书仆射，都督江西淮南诸军事，后又加都督豫州扬州之五郡军事，却还是得不到旧士族

的认可。

在许多旧士族的眼里，陈郡谢氏不过就是一个走了狗屎运的暴发户，算不上真正的贵族。

比如说，某次，谢家兄弟和众旧士族子弟喝酒，喝至半酣，谢安的弟弟谢万有些尿急，便不管不顾地起身向下人索要便壶。在座的阮裕当场就喝斥道："新出门户，笃而无礼！"直斥谢家是暴发户、缺少教养，让谢氏兄弟全都抬不起头来。

为了走上士族门阀行列，谢尚就想以婚姻改变现状。

不过，在森严的门阀制度中，是非常讲究门当户对的。

魏晋以来士族间的通婚，要么是所谓的"世婚"，即累世都有姻亲关系，这种婚姻既包含有伦常交好的因素，同时又不排除某种政治目的性；要么就是借助于婚姻"伊我相顾"的彼此提携与利用。

要越过这两种，另走第三种，难度相当大。

谢尚就想走第三种。

他看中了尚书右仆射诸葛恢的家世，想和诸葛恢做亲家，替自己的堂弟、谢安的五弟谢石求婚，请求诸葛恢将他的小女儿许配给谢石。

诸葛恢的儿子娶了原尚书右仆射邓攸的女儿为妻，而他的长女原先嫁给庾亮的儿子庾会，庾会死后又改嫁给了左仆射江彪，次女嫁给徐州刺史羊忱的儿子，就只剩下这个小女儿待字闺中。

谢尚满以为自己也是尚书，和诸葛恢地位相同，事情应该不难办成。

可是，诸葛恢不屑一顾地说："羊、邓两家和我诸葛家是世代姻亲；江家呢，是我看顾他；庾家呢，是他看顾我，和你们谢家联姻，凭什么？"断然拒绝。

不过，谢家对这门婚事锲而不舍，一直等呀等，等到诸葛恢死了以后，诸葛氏家道中落，谢石终于得偿所愿娶到诸葛恢的小女儿诸葛文熊。

就是靠这种锲而不舍的精神，谢家和琅琊王氏、高平郗氏、颍川庾氏、陈郡袁氏、河南褚氏、沛郡刘氏、颍川殷氏、琅琊诸葛氏、泰山羊氏、长乐冯氏、太原王氏甚至皇家结起了裙带关系，终于华丽转身，成了与琅琊王氏并列的一大门阀。

不过，成也于此，败也于此。

这种讲究门当户对的森严的门阀制度必然会导致婚姻圈子越来越小，越来越狭隘，最后不可避免地出现近亲结婚的局面。

近亲结婚的恶果是导致低能儿、畸形儿、弱智儿的出现。

而更为可怕的是，在门阀制度下，这些低能儿、畸形儿、弱智儿又会不劳而获地坐掌权势，最终导致国家的消亡、门阀制度的崩溃。

在刘宋时期，陈郡谢氏的当家代表人谢庄曾写信给江夏王刘义恭说："下官凡人……实因羸疾……两胁成疾，殆与生俱，一月发动，不减两三，每至一恶，痛来逼心，气余如綖。利患数年，遂成痼疾，吸吸惙惙，常如行尸……家世无年，亡高祖四十，曾祖三十二，亡祖四十七，下官新岁便三十五，加以疾患如此，当复几时见圣世，就其中煎熬，实在可矜。"

从谢庄的信中，不难看出，谢家出现了好几代短命鬼，体质衰弱，三四十岁就离开了人世。

体质差，肤脆骨柔，不堪行步，体羸气弱，不耐寒暑外，智力上退化，甚至出现癫痫。

比如谢灵运的父亲谢焕，就"生而不慧"，是个智商低下的人。

谢灵运的侄子谢惠连智力很好，"幼而聪慧""其文甚美"，但有精神病，有同性恋倾向，"被徙废塞，不豫为伍"，最后在二十七岁的青葱时光离开了人世。

研究门阀制度的权威人士田余庆先生因此说："谢安死后东晋的这一段历史，无论是主是相，还是其他内外当权士族，人物均甚鄙陋，活动均具呈末代特征。"

匈奴人冒姓建汉，江南也有人冒姓建汉

西晋末年，匈奴人刘渊冒姓建汉，克洛阳、取长安，于西晋建兴五年（316 年）十一月迫降晋愍帝司马邺。

由是，西晋宣告灭亡。

第二年（317 年）三月，琅琊王司马睿在建康即位称晋王，改元称建武元年。

东晋王朝徐徐揭开了序幕。

东晋建武二年（318 年）三月，愍帝遇害的消息传到建康，晋王司马睿才改称皇帝，史称晋元帝。

东晋小朝廷草创，面临的困难是很多人无法想象的。

原因是明摆着的：晋灭三国，江东是最后并入大晋版图的。

而自吴主孙皓出降至“八王之乱”，前后时间才不过短短二十年！

江东的士民，特别是名族，人心尚未归附。

下面说一个小故事以充分突现东晋君臣初立国江东的尴尬。

我们知道，王、谢是东晋最鼎盛的两大家族。

衣冠南渡，刚刚立足江东那会儿，王氏家族的领军人物王导，有心结援吴人，打算与吴郡大姓陆氏联姻，他派人向陆家当家人物陆玩请求通婚。陆玩却没给他好脸色，回答说：“小山丘上没有高大的松柏，香草和臭草不能放在同一个器皿中，我虽然没什么才能，但也不会开乱伦的先例。”

王导听了回答，恨不得钻地缝。

实际上，在晋武帝司马炎刚死那会儿，就有不少江东名士冒出头来，嚷嚷着要再造吴国，将司马氏的势力逐出江东。

这些人中，闹腾得最为厉害的是张昌。

张昌，差一点就成了大气候。

张昌是义阳（今河南新野）人，他在晋惠帝太安二年（303 年）率先举事，占据江夏郡（以安陆，即今云梦县为中心的湖北省一部），易名为李辰。另外物色了一个名叫丘沈的人，将他改名叫刘尼，诈称汉室后裔，立为皇帝，跟匈奴人刘渊一样，打出了兴复汉室的旗号，兵出樊城，围宛城（南阳），攻襄阳，声势很大。

张昌的部将石冰东进扬州、江州，另一部将陈贞攻陷武陵（今湖南常德）、零陵、长沙、武昌（今湖北鄂州）、豫章（今江西南昌）等地。

临淮（今江苏盱眙东北）人封云起兵响应，进攻徐州。

这样一来，张昌很快就占据了荆、江、徐、扬、豫五州的许多地方。

为了将张昌镇压下去，晋室以沛国相（今安徽濉溪西北）人刘弘任镇南将军、都督荆州诸军事。

这个刘弘时年六十八岁，年纪很大了，不能打仗，但他大力起用了庐江寻阳（今湖北黄梅西南）人陶侃为将。

说起来，陶侃也已经四十五岁了，但绝对是名将。

后世大贤颜真卿曾向唐德宗建议，追封古代名将六十四人，为他们设庙享奠，陶侃赫然在列。

大宋宣和年间，宋室为古代七十二位名将设庙，其中也有陶侃。

而北宋年间成书的《十七史百将传》，陶侃也位列其中。

刘弘慧眼识珠，任用陶侃为南蛮长史（南蛮校尉的幕僚长）、大都护，将军队交给他带领。

士为知己者死，陶侃感激刘弘对自己的信任，以死相报，将浑身解数全部抖搂出来，首战就在竟陵（今湖北潜江西北）打得张昌溃不成军。此后，越战越勇，越打越顺手，连战连捷，彻底平定了张昌之乱。

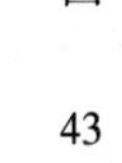

 两晋最英明神武的帝王，可惜命太短

西晋和东晋共享国一百五十五年，传十五帝。

但这十五帝多是平庸之主。

如果要在这十五帝中评选一个最英明神武者，估计大家会毫不犹豫地选西晋开国皇帝司马炎。

但史家却多选晋明帝司马绍。

晋明帝司马绍是东晋开国皇帝司马睿的儿子。

有一个小故事，可充分说明晋明帝的聪明。

据说，晋明帝很小的时候，坐在父亲晋元帝的膝上。有客人从长安来了，晋元帝和他谈论起长安和旧都洛阳的情形，不知不觉地眼泪掉了下来。晋明帝不明所以，问父亲发生了什么事。晋元帝于是把晋室南渡的缘故告诉了他，并随口问了一句："你觉得长安远还是太阳远？"晋明帝想也不想，说："太阳远。因为有人从长安来了，却从来没听说过有人从太阳那边来的。"

晋元帝认为他的回答很妙。第二天，在宴会大臣时，晋元帝把晋明帝的回答告诉了诸官员，又重问明帝这个问题。哪知，这回晋明帝的回答是"长安远"。晋元帝的脸色变了，责怪他："你今天说的怎么跟昨天不一样？"晋明帝奶声奶气地说："现在举目见日，却不见长安。"

还有，晋明帝做太子时，想建造一个池台，遭到了晋元帝的反对。但晋明帝小小年纪，却养有一批听命于自己的武士。他让这批武士瞒着晋元帝，在一夜之间就建成池台——后称为太子西池。看着生米已经做成了熟饭，晋元帝也没什么话说了。

王敦造反，顺江东下，到了石头城，听说群臣拥立了晋明帝，非常不满，有意废掉晋明帝。他也知道晋明帝聪明过人，于是想用不孝的理由来行废立之事。于是，他面对来迎的群臣，大声指责晋明帝不

孝，还口口声声说：“这是温峤说的，因为温峤做过东官率，后来又担任我手下的司马，知道晋明帝种种不孝恶行，并且都告诉我了。”王敦说得正起劲，温峤来了。王敦就虎起脸，奋其威容，气势汹汹地向温峤质问说：“皇太子做人何似？”温峤不卑不亢地答：“小人没有资格评价君子。”王敦大怒，声色并厉，准备以威力使温峤屈从，加重语气问温峤：“太子何以称佳？”温峤不得已，大声回答说：“太子的知识广博，钩深致远，本来就不是我们这些浅薄的人所能测度的。而且他以礼侍亲，可称为孝。”

王敦气得团团转，半晌说不出话来。

晋明帝在与王敦叛军开战之前，以万乘之尊，带几名从骑去侦察王敦军中的兵力部署。

因他的母亲荀氏有鲜卑血统，所以他长有络腮黄须。

听说有黄须骑士在自己的地盘出没，王敦从病床上惊起，大叫：“此必黄须鲜卑奴来也！”命骑兵四出追捕。

晋明帝策马驰离，沿路每有停歇，便让从人用冷水浇马粪，追骑见马粪冰凉，认定敌人侦骑已远去多时，就悻悻回营复命。

晋明帝因此全身而退。

某天，王导和温峤一起谒见晋明帝。晋明帝向温峤问起了本朝一统天下的缘由。温峤还没来得及回答，王导抢先说：“温峤年少未谙，臣为陛下陈之。”然后把当年司马懿创业之始诛夷名族、宠树同己的事迹，以及司马昭杀高贵乡公曹髦的丑闻，一五一十地讲了出来。晋明帝听后，呆若木鸡，半晌回过神来，掩面伏在床上痛呼道：“如果像您说的那样，晋朝天下又怎能长久呢？”

《晋书》对晋明帝评价很高，称其“聪明有机断，尤精物理”，能“骑驱遵养，以弱制强，潜谋独断，廓清大昆”。

王夫之《读通鉴论》更称：“明帝不夭，中原其复矣乎！”

但是，《晋书》又说晋明帝“享国日浅”，王夫之则说他早夭。

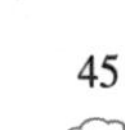

那么，晋明帝享国时间是多长呢？死时又是多少岁呢？

晋明帝享国只四年，死年只有二十七岁，实诚为可惜。

 此人老不正经，骗婚骗色？墓志出土，谣言自破

刘琨，自然是两晋年间的第一名士。

以至于后来的名士加枭雄桓温视之为终生偶像，崇拜不已。

刘琨的外甥温峤也算得上大名士。

说起来，桓温的名字就跟温峤有关：桓温的父亲桓彝是温峤的好友。桓温刚出生那会儿，温峤见了，奇道："这个婴孩骨骼不凡，让他哭一下，我听听哭声。"待听到哭声，不由大赞："真是天降英才！"桓彝因此以温峤之姓为儿子取名：温。

温峤原先跟随刘琨镇守并州，匈奴人刘曜攻破长安，西晋灭亡，他被刘琨派往建康，拥戴司马睿称帝。

刘琨对温峤说："晋祚虽衰，天命未改，吾当立功河朔，使卿延誉江南。行矣，勉之！"

温峤没有辜负刘琨重托，和王导、周顗、谢鲲、庾亮、桓彝等名士一同拥立司马睿，是为晋元帝，东晋政权建立。

王敦、苏峻两场动乱的平定，温峤周旋其中，功不可没。

温峤后来也因此拜骠骑将军开府仪同三司，加散骑常侍，封始安郡公，邑三千户，有"功格宇宙，勋著八表"之誉。

温峤病逝于咸和四年四月乙未，"江州士庶闻之，莫不相顾而泣。"朝廷赠侍中、大将军，使持节，谥曰忠武。

可以说，温峤是一个完人。

但是，《世说新语》里记载了多则有关温峤的逸事，其中《世说新语·假谲第二十七》所记的《温公却扇》，让后世对温峤颇有微词。

温峤的妻子去世得早。他有个堂姑刘氏，因为战乱和家人失散，和

女儿相依为命。刘氏因女儿美丽聪慧，便拜托温峤帮忙物色一个好夫婿。温峤早看中了这个年轻漂亮的表妹，就试探着说：“现在兵荒马乱，佳婿难觅，如果能找得到一个人品像我这样的，应该可以了吧?”堂姑说：“家庭丧乱变故，我们只求平平安安地过日子，就谢天谢地了，哪里还敢奢望找到大侄子你这样出色的人呢?”没几天，温峤就正告堂姑：“亲事有着落了，对方门第还算可以，名声职位也不比我差。”并拿出一块玉镜台，说是男方托转交的定情物。堂姑大为高兴，亲事算是定下来了。举办过婚礼，入洞房了，新娘拨开面纱，一看新郎官，果然是温峤本人。新娘忍不住笑了：“我本来就疑心是你。果然不出我所料!”原来，那个玉镜台是温峤在刘琨手下任长史，与匈奴刘聪作战所得的战利品，一般人是不会有的。

从故事的结局看，表妹应该是乐意嫁给温峤的。

但后世还是有人认为温峤是乘人之危，骗财骗色，老牛吃嫩草。

2001 年 2 月中旬，人们在南京北郊郭家山西南麓发现一座大型单室穹隆顶砖构墓葬。

墓葬早年被盗，但最为珍贵的墓志尚在。

墓志为近方形砖质，置墓室前部，隶书，竖行左读，凡十行一百零四字，其中赫然有“使持节、侍中、大将军、始安忠武公、并州太原祁县都乡仁义里温峤，字泰真，年四二，夫人高平李氏、夫人琅琊王氏、夫人庐江何氏”字样。

墓主温峤的婚配记载与《晋书·礼志中》里所记是一样的。

《晋书·礼志中》是这样写的：“骠骑将军温峤前妻李氏，在峤微时便卒。又娶王氏、何氏，并在峤前死。”

即温峤一生共娶过三位妻子，第一个是高平人李氏，在温峤尚未发迹前就病故了。后来又先后娶了琅琊人王氏、庐江人何氏。

那么，《世说新语·假谲第二十七》所记的《温公却扇》中的从姑女刘氏，就只是故事人物了。

最后补充一下，考古专家在发掘了温峤墓后，又在该墓西侧铲探发现四座砖室墓葬，其中最大一座长愈八米。南京市博物馆于 2001 年 9 月至 10 月发掘结束，发掘表明，有三座墓葬时代为东晋时期，其中一墓出土温峤次子散骑常侍、新建县侯温式之砖质墓志。

温峤墓是迄今为止南京地区发现的墓主身份明确、地位最高的东晋勋臣墓葬，该墓虽然几经盗窃，但仍出土金、琥珀、铜、铁、石、瓷、陶等质地文物八十余件。

此人一曲惊散十万兵

刘琨，字越石。中山魏昌（今河北省无极县）人，汉中山靖王刘胜之后，和刘备是同宗。

作为汉朝皇族的后裔，刘琨的家族在魏晋时期历任高官，过着繁华奢侈的生活。

刘琨少年为官，混迹于各大娱乐场所，声色犬马，夜夜笙歌。

刘琨与大富豪石崇过从甚密，是金谷园的座上宾。和贾谧、左思、潘岳、陆机、陆云等人并称“金谷二十四友”。

那是一段怎么样的时光呀？“金谷二十四友”日日赋诗作乐，呼酒买醉，醉生梦死。

但，这只是刘琨的一个表象。

在纸醉金迷的背后，刘琨本质上是一个以国事自许，慷慨激昂的热血名士。

与好友祖逖一起担任司州主簿时，刘、祖两人同床而卧，同被而眠。

两人意气相投，英雄惜英雄，针砭时弊，纵论世事，共谋报效国家，都对每况愈下的政局充满了忧虑。

每当鸡鸣，两人就互相踢醒对方，叫道：“天亮了，快起来练剑！”

“闻鸡起舞”的成语就因此而来。

两人都预见国中将有兵刀之灾，相互勉励说："若四海鼎沸，豪杰并起，就让我们一起为国家出力，相避让于中原。"

晋太安元年（302 年），刘琨得到了范阳王司马虓的征召，入伍从军。

与祖逖告别时，刘琨兴奋地说："我每天枕戈待旦，就等待着这一天啊，真的很担心我会落在你后面。"

他两人之间有一个约定：看谁在沙场上建树多。

范阳王司马虓是"阴险帝"司马越的弟弟。

在八王乱中原的日子里，刘琨屡建奇功，帮范阳王司马虓夺取了冀州之地，还带兵成功地救出陷于敌军手中的父母，统率几路军马直驱长安，奉迎晋惠帝司马衷回洛阳。

因此，刘琨得封为广武侯，食邑两千户。

晋光熙元年（306 年），晋惠帝司马衷死，晋怀帝司马炽立。刘琨出任并州刺史、加振威将军、领护匈奴中郎将，抵御匈奴人刘渊的进侵。

不过，刘琨只得一个刺史的头衔，并无一兵一卒，只在赴任途中边走边招募军士，到了上党，才聚集起一千余人。

就凭着这一千余人，刘琨竟然在版桥一举击溃了刘渊的伏军，算是给这位匈奴人一记杀威棒。

但这场胜利并不能改变什么。

刘琨到达目的地晋阳城后，还是忍不住大吃一惊。

这是一座实实在在的空城，城中渺无人烟，荆棘成林，豺狼满道。

面对这种情况，过惯锦衣玉食生活的刘琨却眉头都不皱一下，坚定地把根扎下来，带领手下剪除荆棘，重新建立了官衙，招集流民，发展生产，加强防御。

遇到胡寇和坞堡强盗来袭，刘琨就率军民据城坚守，与之相搏。

历经多番厮杀，最终才在晋阳立定了脚跟。

刘渊当然不能容忍自己的睡榻之前有他人酣眠，挥军进据河东，攻

占蒲阪（今山西省永县）、平阳（今山西省临汾），决意清除刘琨。

刘琨毫无惧色，兵来将挡，水来土掩，依次将刘渊的攻势化解掉。

刘渊手下的一万多军士迫于刘琨的威势，竟然反戈一击，反咬了刘渊一口，改投到刘琨帐下。

刘渊怒火中烧，一狠心，将棺材本甩出，尽集倾国之兵将晋阳外三层、里三层地围了个水泄不通。

刘琨知大难将至，仍不退缩，凭城坚守，苦撑危局。

晋永嘉元年（307 年）深冬，寒风凛冽，圆月悬空，大地冷凝。

刘琨穿一袭白袍，乘月登楼，俯视城外连绵不断的匈奴营帐，心中凄楚，怆然长啸。

啸声清奇，划破长空。

营帐中的匈奴士兵闻之色动，纷纷出营，遥望城楼上仰天长啸的白衣人，寂然不动。

刘琨啸声连绵不断，一声长过一声，一声凄厉过一声。

匈奴士兵阵阵骚然，四顾相叹。

啸声停歇，刘琨取出胡笳，在水样月光中，呜呜而奏。

匈奴士兵听这胡笳声，沉醉于宛转凄伤中，流涕嘘唏，怀乡之思渐生，暴戾之气尽去，愁肠百结，泪眼迷离。

一曲终了，数万大军，竟然拔营而走。

这就是中国古代战争史上的奇迹：一曲胡笳退走数万兵！

刘琨所创的《胡笳五弄》（《登陇》《望秦》《竹吟风》《哀松露》《悲汉月》）也因此响绝了千古。

刘琨本人也因此成了流芳百世、垂范宇内的大英雄。

东晋大权臣桓温于永和十年（354 年）兴三路大军北伐苻秦时，一路顺风顺水，军至长安城下。

关中父老带酒肉前来劳军，其中有一个老妇人，见了桓温，怔怔出神，熟视良久，竟然嘤嘤而泣，泪流满面。

桓温怪而细询。

一问，原来这老妇人曾做过刘琨的侍女，见了桓温，思念旧主，不觉泪下。

桓温自诩雄姿风流，向以司马昭、刘琨一类英雄人物自比，兴趣大增，问："我与刘越石（刘琨字越石）相比，如何？"

老妇人说："你长得太像刘司空了！"

桓温欢欣鼓舞，喜不自胜。

想了想，入内上上下下整理了一遍衣冠，出来又问："你再仔细看看，我哪些地方像刘司空？"

老妇人仔仔细细打量了一遍，说道："眼睛很像，可惜小了点；脸庞很像，可是又太单薄了点；胡子很像，偏偏又有点发红；身形也挺像，可惜又矮了点儿；声音也很像，可惜又多了点娘娘腔。"

桓温一听，大为扫兴。

 刘琨流芳千古，他与石敬瑭、吴三桂区别所在

在晋永嘉二年（308 年）十月，刘渊在蒲子称帝后，原先依附晋室的匈奴右贤王刘虎和白部鲜卑见风使舵，一齐倒向刘渊，俯首称臣，共同对付刘琨。

在群狼环伺的险恶局势下，为了化解危机，刘琨只好向鲜卑拓跋部酋长猗卢借兵。

拓跋猗卢表现得非常慷慨，接到刘琨的邀请，立刻遣发两万鲜卑骑兵前来助战。

得了这两万生力军，刘琨大发神威，一举击败了匈奴刘虎、白部鲜卑。

作为感谢，刘琨在晋阳宴请拓跋猗卢，并与猗卢结为生死兄弟。其后，又向朝廷上表，奏请拓跋猗卢为大单于，以代郡封之为代公。

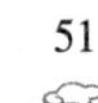

代郡原在幽州王浚的辖境之内，刘琨此举，正是有意借拓跋猗庐之刀来砍王浚。

果然，为了得到代郡，拓跋猗庐策动鲜卑骑兵一下子就把王浚驻扎在代郡的军队打散了。

拓跋猗庐的鲜卑部从云中迁入雁山后，生存空间有限，为了能活下去，又向刘琨索求陉北之地。

刘琨没有理由拒绝，而且又要倚仗拓跋猗庐为援，只好将楼烦、马邑、阴馆、繁畤、崞五县（今山西省代县以北的地区）的百姓迁往陉南，让出陉北。

为得到异族的相助，以割地为代价，从这一点上来说，刘琨与后世的石敬瑭、吴三桂有很大的相似之处。

可是，石敬瑭、吴三桂两人到头来都落了个遗臭万年的下场，而刘琨却流芳千古，究其原因，就在于两个字：态度。

石敬瑭、吴三桂两人所想，就是凭借异族军队来增加自己的力量以满足自己个人的野心。

反观刘琨，始终忠于晋室，在大是大非的问题上，一直坚持自己的原则，矢志不渝。

另外，拓跋猗庐与他的鲜卑部非但不敢对晋室有非分之想，还一心匡扶晋室。

且看刘琨和拓跋猗庐此后的合作过程及刘琨所作所为，就知道刘琨实在无愧于“大英雄”三个字。

晋永嘉五年（311 年）年底，王浚集结了十万之众，气势汹汹地杀向刘琨，将刘琨的军队打败，驱赶代郡、上谷、广宁三郡百姓出塞。

就在刘琨战事吃紧之际，拓跋猗庐派儿子拓跋六修领兵前来助战，干脆利落地打退了王浚。

随后，拓跋猗庐还让儿子拓跋六修为晋朝守卫新兴城（今山西省忻县）。

新兴城的晋将自感前途渺茫，竟瞒着拓跋六修向刘渊投降，不但杀散了拓跋六修的鲜卑军，还引刘渊的匈奴兵入攻晋阳，杀害了刘琨的父母等家人。

刘琨从乱军中杀出，仅余十几从骑，狼狈不堪地逃往常山。

拓跋猗卢得知刘琨途穷，慷慨相助，于晋建兴元年（313 年）十一月亲率二十万大军与刘琨会合，一举收复晋阳。

这还不算，拓跋猗卢表现得非常够意思，催军追击，在蓝谷（今蒙山西南）大败刘渊的匈奴军，伏尸数百里。

拓跋猗卢还要一鼓作气直取刘渊的老巢平阳，可惜晋阳残破，难于就粮，而且其军远道而来，士马疲弊，急需休养，在刘琨的再三劝阻下，才恨恨收兵。

饶是如此，拓跋猗卢还是拍着胸脯答应一年后再引军前来共攻平阳。

拓跋猗卢离开之时，留下了兵车百乘，马、牛、羊各千余，馈与刘琨，以为军资。

可惜，苍天无眼，造化弄人。

刘琨与被他倚为强大后援的鲜卑老英雄拓跋猗卢这一别竟然成永诀——拓跋猗卢要立幼子拓跋比延为嗣，长子拓跋六修强烈表示不满。父子因此反目成仇，兵刃相见，鲜卑在内乱中崩溃，拓跋猗卢、拓跋六修父子均惨死于混乱之中。

刘琨的强大后援从此化为乌有。

不久，晋愍帝司马邺在长安出降，历时五十二年的西晋王朝宣告灭亡。

刘琨明知事不可为，仍然奋然前行，一心兴复晋室。

在四下转战中，刘琨兵力越来越微，最后不得不弃守晋阳，率众从飞狐入蓟，投到坐据蓟城的鲜卑人段匹磾帐下。

段匹磾也是忠于晋室的英雄豪杰，他和刘琨歃血为盟，矢志共扶晋室。

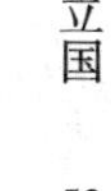

可是，因为奸人从中作梗，刘琨还是在一个极其劣拙的反奸计中被段匹磾斩杀。

其实，刘琨离开晋阳时，也深知此行凶多吉少，但虑及国耻难雪，希望能抱至诚之心，成万一侥幸之志，毅然入蓟。他言必慷慨，悲其道穷，曾写有一首五言诗赠别驾卢谌，诗中的最末两句“何意百炼钢，化为绕指柔”，为千古绝唱。

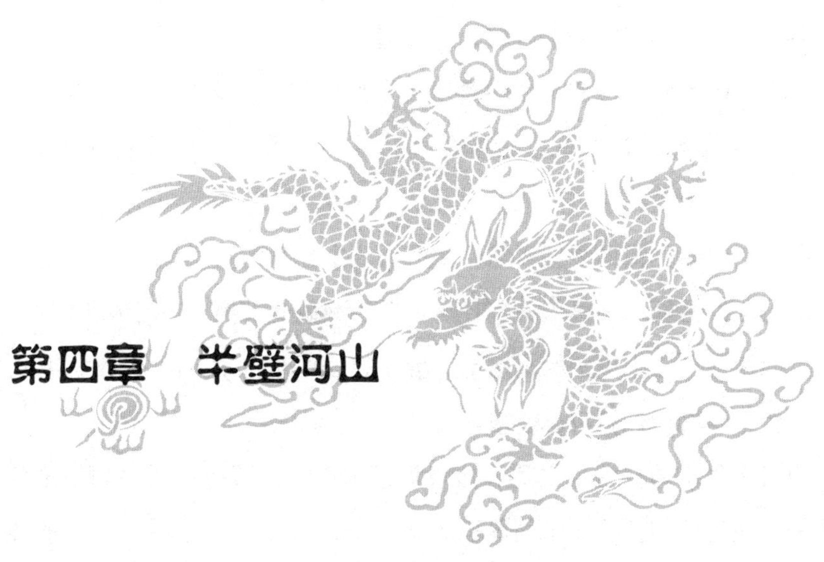

第四章　半壁河山

祖逖是百年难遇的良将，为何不能取得北伐胜利？

西晋建兴元年（313 年），晋愍帝以司马睿为左丞相，要其率兵直攻洛阳。

可是司马睿只以祖逖为将，提供了一些军械粮草，让其招募士兵去渡江北上，没有提供一兵一卒。

这并非司马睿不想克复神州，而是力不能逮。

因为，早在永嘉五年（311 年）正月，成都人杜弢就在湘州起事，自称梁益二州牧、平难将军、湘州刺史，连破零陵、桂阳，东掠武昌郡境（治今鄂州，郡境包括长江以南今湖北南部及江西的一部）。

第二年，原新野王司马歆帐下牙门将胡亢也在竟陵（今湖北）聚众

起兵，自称“楚公”，祸乱荆州一带。

这两大煞星作乱，江东局势倾危，司马睿自顾不暇，又哪里顾得上去攻打洛阳？又哪里顾得上去解长安之围？

祖逖，字士雅，河北省范阳遒县（今河北省涞水县）人，是刘琨的好朋友，世代为北州大姓，父亲祖武，曾为上谷（今河北省怀来县）太守。

父亲去世时，祖逖年纪尚幼，生活由几个兄长照料。

祖逖生性豁荡，不修仪检，轻财好侠，慷慨有节尚，为时人所重。

太康年间，二十出头的祖逖与刘琨一起任司州主簿，两人意气相投，惺惺相惜，互相激烈，以忠义报国自许。

历时十六年的“八王之乱”爆发后，祖逖和刘琨分头投身到报国事业中去，他先后担任了齐王司马冏大司马府的掾属、长沙王司马乂骠骑将军府的祭酒和主簿，稍后又迁任太子中舍人、豫章王从事中郎等。

洛阳陷落，晋室日渐沦于丧亡，北方人民纷纷逃亡到南方避难。

祖逖拒绝了关东的范阳王司马虓、高密王司马略、平昌王司马模等人的邀请，率亲族乡党数百家避乱于淮泗（今江苏省徐淮地区）之间。

逃难路上，祖逖躬自步行，把自己的车马让给老弱疾病的人，衣粮药物施予有急之人。

遇上乱世盗寇，祖逖则不避险难，挺身而出，率众以斗。

大家既感激他，又敬佩他，一致推举他担任流亡队伍中的首领。

走到了泗口（今江苏省徐州市），坐镇建邺（今江苏省南京市）的琅琊王司马睿任命他为徐州刺史。

后来，又任他为军谘祭酒。

祖逖在京口（今江苏省镇江市）定居下来后，大肆招收亡命之徒，经常打劫江南富户。

祖逖此举，遭受了许多非议，但他置若罔闻，依然故我。

祖逖纠集这么多死士，劫掠这么多财富，到底意欲何为？

等到司马睿任命祖逖为奋威将军、豫州刺史、前锋都督出师北伐时，这装在葫芦里的药才悉数倒了出来。

可怜的司马睿是泥菩萨过江，自身难保，根本没能给祖逖提供北伐的军队和装备，仅仅支持了一千人的粮饷，三千匹布。

祖逖就是凭借着劫来的财富，以几百死士为基础，大肆招兵，居然集结起了一支北伐军队！

大船渡江北上，船至中流，祖逖看着汹涌翻滚的滔滔江水，心胸激荡，热血涌动，用力拍击着船楫，高声起誓道："祖逖如若不能平定中原，收复失地，当如此大江，一去不复返！"

这就是成语"中流击楫"的由来。

渡过长江，祖逖所面临的头号敌人就是割据冀、豫一带，拥兵十多万的汉将石勒。

此外，还有各处流民军和地方武装。

祖逖先收拢晋室遗民的民心，掌控住战场上的主动，再从容与石勒军反复缠斗，在江北站稳了脚跟。

可惜的是，就在祖逖军力日渐丰实，准备渡河北进、清定中原之际，晋元帝司马睿对他产生了疑忌，于晋太兴四年（321 年）七月任命戴渊为都督兖豫雍冀并司六州军事、征西将军，出镇合肥，以对他形成牵制。

此外，江东又传来王敦与刘隗交恶、互相攻讦的消息。

祖逖仰天长叹，心想，外寇未除，内乱先起，北伐还有什么希望？

由此心力交瘁，忧愤成疾。

晋太兴四年（321 年）十月，天文有变，有流星坠落。

祖逖仰视星空，涕泪纷飞如雨下，叹息道："将星坠落，这星是应在我身上了！我原想进军平定河北，而天欲亡我，这是国家的不幸啊。"

几天后，祖逖溘然辞世，时年五十六岁。

“我不杀伯仁，伯仁因我死”的典故出处，故事让人唏嘘感慨

相信很多人都听说过“我不杀伯仁，伯仁却因我而死”这句话，但未必知道这句话的出处及它背后的故事。

伯仁是两晋大名士周顗的字。

周顗是汝南安成（今河南省汝南县）人，出身世家大族，父亲是参与灭吴战争的安东将军周浚。

周顗很小的时候，便拥有了很高的声誉，神采俊秀，为前辈名士所看重，同辈人在他面前，都不敢轻慢放肆。

司徒掾贲嵩有清高的节操，却向来自视极高，不把他人放在眼里，但初见少年周顗，便为其俊朗风采所惊绝，大赞道：“汝颍固多奇士！然雅道不兴已久，今日复见周伯仁，将振起旧风，清我邦族矣！”

周顗的堂弟周穆也是翩翩美少年，有俊姿容、有美声誉，铆足劲想超越周顗。周顗毫不介意，也不与他计较。人们也因此倾慕周顗。

周顗的亲弟弟周嵩某次喝高了，酒后吐真话，责问周顗：“你的才气比不上我，为什么竟然出人意料地获得了崇高的声望?”越说越恼火，竟然拿蜡烛掷向周顗。周顗面色如常，徐徐出语道：“阿奴火攻，固出下策耳。”

事后，周顗也并不把这事放在心上。

另一个弟弟周叔治被任命为晋陵太守，周顗和周嵩一起去送别。周叔治因为将要与兄弟分别，泪流不止。周嵩生气地说：“斯人乃妇女，和人分别，唯知啼哭。”说完起身愤然离去。周顗却一个人留下来，和周叔治喝酒聊天，临别流泪，抚着周叔治的背说：“你一定要珍重自己。”

魏晋的选官制度是九品中正制，中央和地方都可以自行聘任官员，面对地方的多次征辟，周顗都拒绝不出。当父亲周浚死去，身为长子的他才承袭了父亲的爵位武城侯，封秘书郎。

广陵郡（今江苏扬州）人戴渊是个很有意思的人。他年少时品行不谨，常与市井无赖厮混，并有过一段不光彩的盗匪生活，和一帮市井无赖在长江、淮河间劫掠来往客商的财物。大名士陆机回江东度假后返回洛阳，财物很多。戴渊就带领一帮手下去抢劫。他让人携带来坐床，自己坐在床上颐指气使，众盗匪唯唯诺诺，心服口服。陆机赞叹他风度仪态不凡，在船上高声遥问："卿才如此，奈何做贼?"长期以来，戴渊沉迷于不法勾当，自我感觉良好，听陆机问话，忽如醍醐灌顶，感悟流泪，扔掉了手中剑，叱散贼众，投靠了陆机，跟陆机做学问。在洛阳，戴渊听多了周顗的大名，不服，登门前往拜访。但见了周顗，为周顗的气度所慑，话也不敢说，对坐了好久，最终默默离开。

周顗好饮酒，能饮酒，善饮酒，酒量很大，从来都是酒到杯干，非常豪爽。

南渡之前，周顗的酒量有一石。

南渡之后，周顗天天沉醉，还常说饮酒没有对手。

他也是这段时间出任仆射之职，醉多醒少，常因酒而出现过失，人称"三日仆射"。

某日，有过去曾在洛阳一起饮酒的对手到了建康，周顗高兴坏了，拿出两石酒对饮，结果双双酩酊大醉。

但是，周顗酒醒之后，推看那位客人，已醉死气绝了。

周顗酒醉之后，常常管束不住自己，说出些忤逆圣听的话。

某次，晋元帝在西堂大宴群臣，在酒酣歌热之际，元帝大声说："我朝今日名臣济济一堂，可以说和尧舜之世不相上下啊。"

周顗不满，说："可惜同样是人主君王，却不能和尧舜圣世相提并论啊。"

元帝酒气上涌，大怒，下诏书将周顗下狱，宣布来日处死。

但元帝酒醒后怒气全消，赶紧让人把周顗放出。

大家都跑去探望，周顗悻悻然说：“这个罪，我早就知道不至于送命。”

此事过后，周顗还是有酒必喝，喝酒必醉，从而又好几次酒醉失态违背了礼仪，被有司参奏。

晋元帝不得不替他打圆场，说：“周顗居高位，掌管百官铨选评议，应当谨慎恭肃，为百官之楷模。却屡次因酒有失，被有司所举检。朕知道其是处于极度高兴之时难有控制，但毕竟为沉湎于酒之诫。朕相信他一定能够克制自己而复守礼仪，处罚暂时就免除吧。”

王导也曾与周顗狎饮，王导量浅，三五杯黄汤落肚，就不能自持，醉倚在周顗的腿上，摸着他的肚子问：“这皮囊里装的是什么？”周顗豪语道：“里面空洞无物，但足可以装得下数百个像你这样的人！”

应该说，这时的周顗，还没有真正认识到王导的强大。

直到后来发生了两件事，才改变了他的看法。

第一件事：南渡之后，诸过江人士，每到晴和美日，就会相邀在新亭喝酒。周顗喝了几杯，心怀故国，愁云万里，颓然而叹：“风景不殊，正自有山河之异！”大家听了他的话，都触景伤怀，相视而泣。只有王导，他愀然变色地呵斥说：“当共勠力王室，克复神州，何至做楚囚相对泣邪！”众人肃然改容，内心为之一振。

第二件事：晋元帝宠爱郑后，想废掉明帝，改立简文帝为皇位继承人。大家都认为舍长立幼不合礼制，强烈反对。

元帝想来想去，想在周顗和王导身上做文章，以他们来做突破口，就事先写好了改立诏书，让人传周、王二人入宫。使者传令的时候，周顗不明真相，顺着台阶往后退了几步。王导却不由分说，一把推开使者，径直闯进宫里，大声质问元帝说：“不知道陛下召见微臣意欲何为？”晋元帝一时语塞，抖抖簌簌地从怀里掏出另立太子的诏书，一片片撕碎，扔到地上。这样，皇位继承人才彻底确定了下来。

周顗因此感慨说：“我常自言胜茂弘（王导字茂弘），今始知不如也!”

以后，两人再狎玩，周顗趁酒兴傲然啸咏。王导问：“你想学嵇康、阮籍吗?”周顗回答说：“何敢近舍明公，远希嵇、阮?”对王导尊敬异常。

王导的堂弟王敦举兵作乱，晋元帝非常恼怒。

有人劝元帝将王氏一族满门抄斩。

但元帝只是恼怒王敦的狂悖无礼，对向来在朝中谦恭自省、低调做人的王导并无过多怪罪，而且与王敦的斗争才刚刚开始，一下子还不敢把事情做绝，一时间拿不准主意怎么处理王导，便召尚书左仆射周顗入宫商议。

恰巧，王导正诚惶诚恐地入朝请罪，两人在朝门遇上了，王导也知元帝召见周顗的用意，清楚自己一族的生死很大程度上取决于他的说话，就低低地哀求说：“伯仁，我宗族百余口人的性命全都拜托您啦!”

周顗也是刚刚听到王敦起兵的消息，心乱如麻——这之前刘琨的妻侄温峤曾问他：“大将军这次的举动好像是有所指向，应当不会超过了限度吧。”周顗的回答是：“你还年轻，很多东西还不懂。君主又不是圣明的尧舜，怎会没有过失？但作为臣子的，怎么可以因为圣上的一点过失就以武力威逼呢！主上是大家一起推戴的，这才几年时间？如果人人都来那么一下，天下不就大乱了？王敦刚愎残忍，目无君上，他的意图还会有限度吗?”

因为内心在想着事，周顗对王导的呼唤恍若未闻，只管大步如飞入宫。

王导看他爱答不爱理的样子，心里就直打鼓。

他在宫门外跪了两个时辰，天色擦黑，才看见周顗醉醺醺地出来，赶紧上前探问情况。

哪料，周顗已经醉得晕晕乎乎了，嘴里咕咕哝哝地说：“今年杀了这些贼奴，就可以将斗大的金印挂在胳膊上了!”在左右从人的搀扶下走了。

王导心里一沉，认定王氏一族要完蛋了。

哪知，第二天，晋元帝命人给他送来朝服，召其入内觐见。

王导顿感生机重现，见了元帝就下跪叩首请罪。

晋元帝来不及穿鞋，光着脚下座，拉着他的手说："茂弘，朕正要把朝廷重任交给你，你这是什么话呢?!"

王导虽然躲过一劫，以后每想起周顗见死不救的情景，都大为恚恨。

实际上，那天周顗入见了晋元帝，便盛称王导之忠义，深加求护。

晋元帝也念及王导的种种功业，同意了他的要求，并赐酒周顗。

周顗心情舒畅，尽醉而出。

第二天酒醒，周顗又深恐元帝反悔，再度上表力陈王导无罪，言辞恳切。

永昌元年（322 年）四月，晋元帝以王导为前锋大都督，以戴渊为车骑将军，自己身穿甲胄，亲率军队迎战王敦。

但王敦势大，很快打进了石头城。

晋元帝成了个光杆司令，身边只有值勤的两个太监侍立。

他放低姿态，派人向王敦传话："公若不忘本朝，则天下尚可共安；如其不然，朕当归琅琊以避贤路。"又命公卿百官齐去石头城拜见王敦。

王敦得意扬扬地接见众臣，见了戴渊，语带嘲讽地问："前日大战，现在还有余力否?"

戴渊怒道："说什么有余，只恨力不足!"

王敦敬他是条好汉，点了点头，又问："我今日起兵，天下人会怎么看这件事?"

戴渊怒目而视，答："只知其表者，就骂你是逆贼；体谅到内情者，就称你是忠臣。"

王敦笑道："好一个油嘴滑舌的老匹夫。"

王敦又埋怨周顗道："伯仁，你有负于我!"

说起来，王敦早年很是崇拜周顗，以至于每见了周顗，他都面红耳赤，即使在寒冷的冬天，也不停地用手往脸上扇风。

这会儿，他居高临下地埋怨了周顗这么一句。

周顗啐道："你领兵犯上作乱，我亲率六军，未能把事办好，使得王师败绩，确实有负于你！"

王敦看周顗正气凛然，竟回避他的目光，不敢对视。

王敦因为还没想到下一步是要篡位自立呢，还是另立司马氏其他王爷为帝呢，就没有展开进一步行动。

晋元帝一看有和解的机会，就使劲地给王敦封官，封他为丞相、都督中外诸军、寻尚书事。

但王敦拒绝接受。

拒绝接受，就是拒绝和解。

空气一下子就凝固了。

晋元帝倒吸凉气，赶紧找周顗来商议对策，问："近日出现了这等大事，朕与皇太子都无恙，诸人也都平安，大将军应该不负众人所望吧？"

周顗回答："皇上、皇太子自可万全，但臣等是否平安尚未可知。"

从后来发生的事来看，周顗的判断很准。

当时，有人劝周顗外逃，躲避王敦。

周顗奋然答道："我身为国家大臣，现朝廷丧乱，我岂能求活命而外逃胡、越之地！"

王敦那边，也正想拿周顗、戴渊开刀立威，但又考虑到周、戴两人名望太大，杀了不知会引起什么恶性后果，就向堂兄王导征询，问："周顗、戴渊，乃是一南一北的大名士，可以做三公吧？"

王导没有吱声。

王敦又问："那么，做尚书令、仆射之官总可以吧？"

王导仍旧沉默。

他脑海里出现的，就是那天周顗对自己视而不见、见死不救的情形，

心里有杀意。

王敦看他不说话，就说出自己的真正用意："如果不能用他们，就只能杀了他们了。"

王导还是不吱声。

好，不吱声，就是默认同意了。

王敦回头随意捏造了个罪名，将周顗和戴渊逮捕，押往石头城处决。

路经太庙，周顗痛骂："天地先帝之灵；贼臣王敦，倾覆社稷，枉杀忠臣，凌虐天下，神祇有灵，当速杀王敦，休让他再次横行，以致倾灭王室。"

押送军人听了，惶恐畏惧，用利戟刺烂他的嘴，让他不能再骂。

周顗嘴里的血大口大口落到脚上，但他颜色不变，容止自若，被杀时，年五十四岁，观者落泪。

周顗死后，王敦派人去抄没他家，只收得几只空篓子，里面装的全是些旧棉絮，还有酒五瓮、米数石，仅此而已。

王导后来料理处置中书省的遗留事项，看到了周顗为解救自己而上的奏书，内容极赞自己忠诚，殷切诚恳，不由得心如刀绞。

他执表流涕，悲不自胜，回来对自己的几个儿子说："我虽没有杀伯仁，可伯仁是因我而死啊。幽冥之中，负此良友！"

此人被迫起兵造反，只因酒后上战场逞勇，大业泡汤

晋明帝司马绍在平定王敦后，因病逝世，年仅二十七岁。

五岁的皇太子司马衍即位，是为晋成帝。

晋明帝的皇后庾氏以皇太后身份临朝称制，朝中大权落在了庾太后的哥哥中书令庾亮的手上。

庾亮，字元规，颍川鄢陵（今河南鄢陵北）人，姿容俊美，爱好

《老》《庄》，善于谈论。他在明帝朝做过中书监，也领兵参与过平定王敦叛乱的战争。

在战争过程中，明帝曾派他到芜湖与王敦议和。王敦与他长谈，颇为钦佩。

不过，庾亮有一个致命缺点：为人古板。

他为人严峻庄重，一举一动都追求遵守礼制和法度，即使在自己的寝室，也严格遵守执行。

之前在元帝和明帝朝，主政的是王导，王导为人宽和，待人以宽。

庾亮本身古板严厉，上台后又矫枉过正，处处从严治国，引起怨恨声一片。

其实，细看他做的那些事儿，也没办法让众人不怨。

首先，他当权后，就大树假想敌，认为司马家族中的司马宗、司马羕等人会威胁到外甥司马衍的皇权地位，磨刀霍霍，要将此两人除去。

这司马宗和司马羕可都身在当年“衣冠南渡”时“五马化龙”中的“五马”之列，当时的五马是指琅琊王司马睿、弋阳王司马羕、南顿王司马宗、汝南王司马佑、彭城王司马纮。

琅琊王司马睿就是晋元帝，另外的汝南王司马佑和彭城王司马纮与晋元帝都已辞世，剩下的就是司马宗和司马羕年已五六十岁，资格最老。

庾亮并不因为他们年纪大而放过，就冲着他们的资格老，必欲除之而后快。

另外，他和司马宗也有积怨——明帝生病时，庾亮强行要进宫奏事，司马宗当时和虞胤分任左、右卫将军，率领禁兵，不肯放行。庾亮由此怀恨于心。后来明帝病重，不想接见臣下。庾亮更加怀疑是司马羕、司马宗兄弟从中挑拨离间，又硬闯进宫，要求罢黜司马羕、司马宗兄弟，但没有得到明帝同意。

现在，明帝已崩，庾亮大权在握，当然不肯放过司马宗兄弟了。

他以谋反罪将司马宗斩杀，将司马羕降为弋阳县王。

庾亮这么做的时候，并没经过晋成帝同意，他以为，小屁孩一个，懂啥？这个国家还不是我说了算？

但是晋成帝司马衍虽然只有六岁，却很机敏，多日不见曾叔祖公司马宗身影，便严肃质问庾亮："平日见到的白发爷爷去哪了？"

庾亮想也不想，答道："那人谋反，已被诛除了。"

那司马宗以前非常疼爱成帝，经常抱着他玩耍。

成帝呢，就揪着司马宗的白胡子玩，爷孙间感情很深。

这会儿，听说这个白胡子叔祖被杀，成帝不由得悲愤莫名，斥责道："舅父说别人是逆贼，就杀了他；那么别人说舅父是逆贼，又当如何？"

庾亮听了，心肝儿颤了几颤，脸色变得苍白。

所幸成帝还小，旁边又有庾太后用牙尺在管教和敲打，庾太后骂成帝："小孩子如何说这种话？"

此事算是不了了之。

但是，庾亮的下一步动作就弄出大事件了。

当时，东晋的军权被三个人掌握，他们是陶侃、祖约和苏峻。

庾亮认为，陶侃为荆州刺史，坐拥上流之地，一旦有变，位居下游的建康就岌岌可危。

祖约是祖逖的胞弟，祖逖死后，代兄职，为平西将军、豫州刺史。祖逖刚刚辞世不久，祖约的异母兄祖纳就曾密奏晋元帝，说祖约藏有祸心。

苏峻，字子高，长广郡掖县（今属山东莱州）人，原是一介书生，永嘉之乱时，百姓流亡，苏峻纠合了数千人南渡，被晋元帝任为鹰扬将军。他归顺朝廷之后，一心一意想靠打仗建功。在这次平定王敦叛乱中立有大功，得授冠军将军、历阳内史，封邵陵公，驻守历阳，威望逐渐日隆。

庾亮打算解除这三个人的军权。

当然，不能一齐动手，得逐个击破。

先击谁呢？

庾亮瞅准了苏峻。

原因是司马宗死后，其部下卞阐逃到了苏峻处，庾亮让苏峻交人，苏峻推说没有这人。

因为这事，庾亮恨上了苏峻，他以朝廷的名义征召苏峻为大司农，加散骑常侍，位特进，说是要他入朝辅政，实是剥夺他的军权。

苏峻靠的就是军队建功立业，要他离开军队，以后还有什么前途？听到要征召他，便回应说："如果要苏峻在外边讨伐贼寇，无论远近都听朝廷调遣，如果要苏峻入朝廷辅政，这实在是我无力胜任的。"

庾亮不依。为了加强压力，他又派军驻于苏峻军队周围，严加防备。

这等于是架着刀子逼苏峻造反了。

但苏峻还有幻想，还不想走到这一步，上表哀求说："从前明帝拉着我的手，命我北上讨伐胡寇。现在中原未靖，我于心何安！乞请补授青州境内的一个偏远小郡，让我为朝廷效鹰犬之劳。"

苏峻的话表达得很清楚：只要和自己的军队在一起，无论上哪儿都行。

但庾亮威吓苏峻，警告他不许和朝廷讨价还价，要他尽快穿上朝服赴召。

苏峻的谋士劝苏峻说："将军请求到一个偏远小郡都不被允许，形势竟至这样，恐怕没有活路了，不如勒兵自守。"

苏峻于是将心一横，拒不应召。

庾亮大怒，派人威胁苏峻，你还不赶快动身，难道是想造反吗？

苏峻只好撕破脸面了，大骂道："庾亮已经认定我要造反，我入京还能活吗？我宁可站在山头看法庭，也不想到了法庭再望山头。往日国家危如累卵，没有我苏峻就要完蛋了，现在，哼，兔死狗烹，不过我当以死报答制造阴谋的人！"

苏峻铁下心造反，举兵前，派人联络祖约。

此前，后赵石勒的军队曾攻打坐镇寿春的祖约，祖约多次上表请求救兵，庾亮却见死不救，拒绝发兵。

最终，是苏峻主动出兵，帮祖约解了围。

祖约对朝廷之前的表现已经心灰意冷，难得苏峻相邀造反，便痛痛快快地派侄子祖涣、女婿许柳率军前去协助苏峻。

苏峻是真能打。

他会合了祖约遣来的祖涣、许柳两军，共两万多人，渡过横江（今安徽省和县），连战连捷，长驱直入，很快攻陷了建康城。

原本，庾亮派温峤为都督江州诸军事、江州刺史，镇武昌（今湖北鄂州），目的是要在上流设置重镇，牵制荆州陶侃和历阳苏峻。

现在，建康危急，温峤打算领兵东下，保卫京师。

庾亮还辨不清形势，以为苏峻不过是一条小泥鳅，扑腾不起大浪花，他写信给温峤，说："我担心西面（指荆州陶侃）比担心历阳（指苏峻的历阳叛军）更甚，足下切勿过雷池（今安徽省望江县东南）一步。"

也就是说，庾亮怕陶侃叛变，要温峤在原地戒备。

结果，苏峻势如破竹，一下子就攻到了建康城下。

庾亮这才慌了手脚，亲自领兵在建康城宣阳门（南面正中的城门）布阵。

可惜士兵不听指挥，抛弃武器四散逃散。

庾亮叫苦连天，只得匆匆上船逃往寻阳寻找温峤的保护去了。

王导之前应付过王敦之乱，有经验，还算镇定，他在叛军攻入建康时，命侍中褚翜请成帝出来，在正殿上坐定。

叛军很快杀到宫里来了，呵斥着，要王导他们出去。

王导大声喝道："苏将军自历阳来觐见圣上，你等军人休得无礼！"

这些士兵还不清楚苏峻对晋室君臣是什么样的态度，听了这声断喝，便灰溜溜地出了大殿，往后宫抢掠去了。

一场抢掠过后，库府里的二十万匹布、五千斤金银、亿万钱、数万匹绢全部被搜抢一空。

苏峻控制了建康，对皇帝、对王导都不得罪，自己封自己为骠骑将军、录尚书事；封祖约为侍中、太尉、尚书令，许柳为丹阳尹，祖涣为骁骑将军。

庾亮逃到寻阳见了温峤，终于想通了，听温峤的建议，请求陶侃出马平乱。

驻屯在荆州的陶侃原来就和苏峻、祖约一样，是庾亮要打击的对象，现在，庾亮不得不拉下老脸去求他。

所幸，陶侃以国事为重，传檄天下，痛陈苏峻、祖约叛逆之状，移告征镇，共同发兵。

名将出马，局势陡然改观。

咸和四年（329 年）三月，陶侃与庾亮、温峤、赵胤合兵，进逼苏峻主力。

苏峻率领八千人迎击。

交战一开始，苏峻的儿子苏硕和苏孝带数十名骑兵前去冲击赵胤军的阵脚。

苏硕和苏孝异常勇猛，左冲右突，一下子就打乱了赵胤军阵形。

在后面掠阵的苏峻满心欢喜，向部下索酒，连喝了数盅，酒劲上头，竟然乘着酒勇逞起强来，喝道："小儿辈能破贼，老夫难道不如他们？"

一句话没说完，苏峻就单枪匹马向朝廷军队冲去。

部下吓得大惊失色，纷纷跟着护主。

可惜，苏峻骑的马太神骏，远远地把部下抛在了后面。

赵胤军中的牙门彭世、李千等人认得苏峻，呼啸着冲上前围攻，用长矛投掷。

苏峻被刺中坠马，被斩首分割，焚烧尸骨。

苏峻既死，祖约率家族及亲信数百人逃奔石勒（后被石勒斩杀），小皇帝被顺利救出。

战后论功，陶侃为侍中、太尉，封长沙郡公，温峤为骠骑将军，始安郡公。

引出这场兵变的始作俑者庾亮上书请罪，声称全家归隐田园，做山野百姓去了。

但有庾太后在，被圣旨拦回，仍封为豫州刺史，出镇芜湖。

说说两晋年间那几个辅佐异族的汉人

大家都知道，我国有四大名著——《三国演义》《水浒传》《西游记》《红楼梦》。

这四大名著无疑代表了中国古典小说创作的四个高峰，后世模仿它们创作出来的小说不计其数，而围绕着它们“狗尾续貂”式地创作出的“前传”“后传”“别传”“续传”“再传”……也是花样繁多。

不用说，这些依附名著而产生的衍生物，绝大部分都是低劣之作，不堪入目。

这其中，有一本署名为明人酉阳野史的《续三国演义》（又名《三国志后传》，全称为《新刻续编三国志后传》），尤其令人啼笑皆非。

这部小说构思荒诞，写的是三国归晋后，蜀国君臣后人流落四方，更名改姓，重建功业的故事。书中将匈奴人刘渊写成了刘禅的皇孙。羯族人石勒则写成是赵云后人，本名赵勒，后认历史上有名的大富豪石崇为义父，改姓石。石勒手下的谋士张宾是张苞小妾所生……凡此种种，不一而足，竟然也洋洋洒洒，敷陈成十卷一百四十回的大书。

而稍微有点历史常识的人都知道，刘渊刘聪父子、石勒石虎叔侄罪恶滔天，肆意发动战争，残杀百姓，使中原处在水深火热的深重苦难之中。

书中却为这些人大唱赞歌，显然是正邪不分、善恶不辨，颠倒了黑白、混淆了是非。

元康九年（299年），西晋官员江统曾写《徙戎论》，提出了“非我族类，其心必异”的观点。刘渊刘聪父子、石勒石虎叔侄都有别于汉族，他们兴风作浪、祸害人民，已使人目眦欲裂，而那些为他们出谋划策、为虎作伥的张宾之流，应遭到永远的诅咒。

《续三国演义》却把这些人全都刻画成不世出的英雄、百年罕得一见的豪杰，实在让人无语。

实际上，在两晋南北朝的三百年时间内，像张宾这种助纣为虐的汉人还真不少，名气比较大的，除张宾之外，还有王猛、崔浩。

先来说说张宾。

张宾，赵郡中丘（今河北内丘西）人，自幼喜欢读书，博览经史，有妄想症，常常向周围的人自吹自擂说：“我的神机妙算绝不逊色于张良张子房，只可惜我没有遇到属于我的汉高祖！”

西晋“八王之乱”爆发，中原板荡，匈奴人刘渊趁势而起，割据并州自立，称汉王，建立汉国（后改为前赵），封羯胡人石勒为辅汉将军，攻略于山东。

奴隶出身的石勒为人残暴，打仗不怕死，在流窜作战中多有胜绩，其一手炮制出来的最大血案就是在苦县宁平城（今河南鹿邑西南）将西晋包括王公大臣在内的十余万之众一股脑射杀，旋攻入京师洛阳，俘获晋怀帝，杀王公士民三万余人。此灾难发生在永嘉五年（311年），西晋中央政府的有生力量全部毁于一旦，史称“永嘉之难”。

“永嘉之难”和后世的“靖康之难”并列为中原汉民族的两大灾难，均为汉人政权治所被外族攻破后统治集团几乎全灭的大惨剧。

身为汉人的张宾不但不同仇敌忾，反而对石勒赞赏有加。他在家里详细统计了石勒的一系列胜绩，认为这个羯胡人就是个汉高祖式的人物，喜气洋洋地对亲朋好友说：“我遍观当下人物，只有这个羯胡将军可成大事！”说完便收拾好自己的衣物，背着一柄长剑，兴冲冲地前往投奔石勒。

石勒读书少，打仗虽狠，却没有战略眼光。他在河北大地杀伐多年，军事力量强劲，却不懂得建立固定的根据地，倏来倏往，飘忽不定，没有立国之本。

张宾一来，就动用了他那三寸不烂之舌，让石勒意识到了这个问题，从而将基业定在襄国（今河北邢台）。

张宾还用计替石勒剪除了西晋大司马幽州（治蓟，今北京城西南）刺史王浚，奠定了石勒争霸天下的资本。史书也因此称其“机不虚发，算无遗策，成勒之基业，皆宾之勋也”。

纵观张宾一生表现，最恶心的莫过于晋永嘉六年（312 年）石勒进攻江淮失利的那一次。

那时，正值春二月，江淮地区连降大雨，石勒军水土不服，军中的士兵病倒了一大片，非战斗死亡人数过半，未死的也病得不轻，未病的则人心惶惶，兵无斗志，军心浮动。

这种情况下，石勒心灰意冷，认为是天要存晋，一度产生了降晋的念头。

好死不死的张宾对石勒当头棒喝，说：“你破灭了晋朝的京师，俘获了他们的皇帝，手上又沾满了这么多晋室王公的鲜血，就算拔光您的头发还不足计算你对于晋朝所犯下的罪行，向晋室称臣，绝不会有好下场!”

石勒惕然惊醒，摒弃降念，从此与晋军为敌终生。

再来说说王猛。

王猛的名气比张宾高多了。

有一句话怎么说来着？关中良相唯王猛，天下苍生望谢安。

人们把王猛与东晋名臣谢安相提并论。

王猛为北海郡剧县（今山东潍坊寿光东南）人，避战乱于华阴山。

永和十年（354 年），桓温第一次北伐，十万雄兵，犹如泰山压顶，直取前秦老巢长安。

该年五月，晋军凯歌频奏，士气高涨，一下子进逼至离长安只有四十里的灞上。

前秦皇帝苻健手忙脚乱地调兵遣将，只调来丞相苻雄带来的三万军队，连同城内的几千老弱残兵不足四万人，长安城朝不保夕。

这个时候距离西晋灭亡不到四十年，那些目睹亡国惨象的关中百姓还有好些在世，他们成群结队地带着酒肉前来劳军。

王猛也在劳军之列。

王猛一副穷形尽相：衣衫破破烂烂，又脏又臭，时值夏天，身上的虱子乱飞。

王猛就这样坐在桓温跟前，扪虱而谈，旁若无人。

桓温并不以衣冠取人，虚心请教说："我奉天子之命，率领大军为百姓扫除贼虏，现在已兵临城下，为何长安城内的豪杰不从城中起事响应?"

王猛回答说："明公您不远数千里，深入敌境，今距长安咫尺之遥而不进攻，百姓不知您到底想些什么，故而不敢轻举妄动，没人前来投附。"

桓温有意招王猛为参谋，说："江东就缺少先生您这样的人物啊!"要封王猛为军谋祭酒，酬了重金。

奇怪的是，王猛推辞不受，飘然而去。

后来苻坚即位，听人说王猛有才，派尚书吕婆楼去请。

不知什么原因，王猛呼之即来，并且和苻坚一见如故，很肉麻地以刘玄德见诸葛亮自比。

老实说，王猛还是真有几把刷子的。他主持朝政，刚明清肃，劝课农桑，训练军队，井井有条，气象一新。他还亲自统兵攻伐前燕，为荡平前燕立下了赫赫战功。

值得一提的是，王猛病危，在临终前，曾语重心长地叮嘱苻坚说："晋室虽远迁于僻陋的吴、越之地，却是正朔相承。须知亲仁善邻，是国

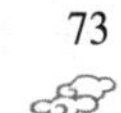

家的无价之宝。臣辞世之后，陛下切勿进攻晋朝。鲜卑、羌虏，才是我国的世仇，留之在世，终为祸患，愿徐徐剪除，以利江山社稷。”

因为这番临终遗言，后世很多人都疯狂为王猛点赞，认为他是身在曹营心在汉，同情晋室，不忍心晋室被前秦灭亡，所以才出言相劝。

要真这样想，那只能是一厢情愿。

王猛哪是为晋室着想？他是在为前秦着想哪！

前秦版图庞大，但都是新近东拼西凑成的，内部矛盾不小，与东晋开战，只能加快其崩溃的速度——苻坚因为不听信王猛的遗言，结果有了淝水之败、前秦之灭。

张宾、王猛、崔浩三大汉奸中，最隐秘的就是崔浩。

崔浩为清河郡东武城（今山东省武城县）人，他的家族是北方高门士族，祖上曾在三国曹魏时官拜司空，封安阳亭侯。曾祖曾在后赵石虎朝任司徒右长史。祖父则为后燕黄门侍郎。父亲在北魏累官至吏部尚书。

崔浩长着一副如同女人的面孔，貌美如花，他就因此以张良自比（司马迁在《史记》里说张良“状貌如妇人好女”）。

北魏暴君拓跋珪喜欢他的样貌身材，又兼看他工于书法，便任其为给事秘书，转任著作郎，让他经常跟随左右。

拓跋珪在世的最后那段时间，喜欢服毒，服用当时流行的高级毒品五石散，性情大变，经常歇斯底里地发狂，要杀人泄欲，宫省左右官员因此被胡乱砍杀多人。

这种情况下，众人唯恐避之不及，纷纷远离拓跋珪。

崔浩却不知死活，仍然服侍在拓跋珪左右，一如往常。

也就凭这一点，拓跋珪死后，崔浩获得了北魏继位者拓跋嗣的好感，得封为博士祭酒，赐爵武城子，极尽恩宠。

说崔浩是一个隐藏得很深的汉奸，是因为每次北魏统治者要发兵攻打南朝，他都拼命劝阻，并撺掇他们去攻打北方其他少数民族政权。

后世也因此对崔浩大生好感，不把他当汉奸看待，而把他看成是南朝潜伏在北朝的卧底。

其实，这是想多了。

崔浩那是就事论事，根据北魏发展形势做出的正确估量和正确决策。

北魏立国，其忧患在北不在南。

试看，在拓跋嗣时代，南朝是两晋南北朝三百年间的第一牛人刘裕当国。刘裕伐后秦，拓跋嗣曾不自量力派骑兵试探了一下，结果被刘裕用步兵布下的却月阵打得叫苦不迭。拓跋焘时代，这位大名鼎鼎的北魏太武帝曾大军南下，饮马长江，与南朝帝都建康隔水相望，可最后也闹了个灰头土脸，狼狈北返，途中，还被南朝臧质诳骗喝了一壶尿！

看看，和南朝打战，根本就讨不到便宜嘛。

而在崔浩的建议下，拓跋焘连灭北燕、北凉，打趴柔然，打服吐没骨、吐谷浑，可谓是向北用兵而无不胜。

北魏之后崩溃于北方六镇之乱，也再一次印证了“北魏之患在北不在南”的观点。

客观地说，张宾、王猛、崔浩三人都是人才，但都死心塌地地为入侵者服务，令人慨叹。

大英雄桓温崛起于复仇之路

提起东晋的风流人物，首屈一指者，非桓温莫属。

中原板荡，血雨腥风，百姓遭受空前大杀戮，人命不如刍狗。

以司马睿为首的西晋遗民，衣冠南渡，是为汉族士民的一次巨大迁徙，好不容易在江左立足，却也是风雨飘摇，朝不保夕。

正所谓，沧海横流，方显英雄本色。

桓温以布衣之身，拔剑而出，领兵溯江而上，灭成汉而大振晋祚声威，又三次北伐，分击前秦、后秦、前燕，收复故都洛阳，战功累累。

当然，桓温最令人诟病的地方，就是后期独揽朝政，操纵废立，并

有意夺取帝位。

但是，在那个战乱纷纷，东晋朝政不稳的背景下，桓温真取帝位自立，也并非什么龌龊不堪的事。试想，后来的刘裕、赵匡胤等，不也成了无损其英雄豪杰之名的开国之君吗？

章太炎就说："宣武（桓温）命世之才，志在光复，何异葛侯。但以送死事生，有忝忠贞之节，晚年复谋禅授，是以为世所讥。要之，不以一眚而掩大德，诸表疏辞气慷慨，则与《出师表》先后比烈矣。世人拟之王敦，何哉？"

所谓天予不取，反受其咎。

桓温犹豫不决，最后被谢安等人拖死，其子桓玄屡受外人羞辱，勉强建立桓楚，最终国灭身死。

话说回来，桓温的崛起，极富传奇色彩。

在魏晋讲究门第的背景下，桓温的出身虽非高门望族，但也并不低，其祖上为东汉名儒桓荣，父亲为宣城内史桓彝。

桓彝喜结名士，南渡后跻身江左八达之列，曾与晋明帝密谋平定王敦之乱，家族地位大升。

只不过，在随后的苏峻之乱中，桓彝被叛军将领韩晃杀害。

杀害桓彝的是叛军将领韩晃，主谋却是泾县县令江播。

父亲被害时，桓温年十五岁，夜夜枕戈泣血，誓报父仇。

《礼记·曲礼上》说："父之仇，弗与共戴天。"

孔夫子甚至亲口教育弟子说，仇人杀我父母，就应睡在草垫上，枕着盾，不做官，与仇人不共戴天，不论在集市还是在官府，遇上了就要与他决斗，即使没有兵器，也要死斗到底。

可是，时间并不允许桓温久等，仅仅三年，江播便病逝。

桓温把复仇的对象转移到江播的儿子身上。

江播的三个儿子居丧，将刀放进手杖中，防备桓温报复。

桓温不避凶险，一身白衣素初缟，自称是吊丧客人，在守墓的庐屋里先杀了江播长子江彪，随后又追杀了江播另外两个儿子。

此事传出，世人皆目桓温为英雄。

即使在千年之后，清末文人蔡东藩著《两晋演义》时，也情不自禁地赞叹说：“杀江彪而报父仇，无惭孝义！”

晋明帝也为桓温的侠士豪客风度所折服，将自己的女儿南康长公主许配给他，拜驸马都尉，袭其父爵万宁县男。

可以说，桓温能步入政坛，并成为驸马爷，乃是他的复仇行为所致。

这还不算完。

国舅爷庾翼慧眼识英才，对晋明帝说：“桓温少有雄才大略，希望陛下不要把他当作平常人看待，也不要当作平常的女婿，要像周宣王对方叔、召伯那样，委以复兴重任，让他弘扬大道、匡济时局，完成艰难事业。”

桓温于是得授琅琊太守，累迁徐州刺史，从此扶摇直上，步入人生巅峰。

 开国君主之子，历事七朝，帝位突然传回给他

东晋权臣桓温晚年权势熏天，史称“政由桓氏，祭则寡人”。

可以说，他要学习曹丕、司马炎等人篡位自立，那是易如反掌。

因此，他卧床无聊，心事联翩，悻悻地说了一句：“如果一味沉寂不出手，身后必被司马师、司马昭这些人所笑。”

最后，他坐起来，又说了一句惊世骇俗的话：“既不能流芳后世，亦不足复遗臭万载邪！”

他决定仿伊尹、霍光废立皇帝以重立威权，先废掉晋帝司马奕，然后动手篡位。

不过，桓温在废司马奕之前，因司马奕本身没什么缺点，也没什么过失，一直都找不到借口。

有部下献出“宫阐重闷，床第易诬”妙计，桓温就“诬帝在藩夙有痿疾”，说司马奕阳痿，没有生育能力，后宫所生三子并非皇帝亲子，是相龙、计好、朱灵宝等男宠在宫廷乱伦的产品，堂而皇之地收缴了司马奕的国玺，逼迫其离宫。

司马奕在深秋的凉意中穿着单衣步出拱门，乘牛车与群臣哭别的情形载之史册，让人潸然泪下。

桓温所立的司马昱辈分极高，是东晋开国皇帝晋元帝司马睿的幼子，历经元、明、成、康、穆、哀、废帝七朝。

司马昱做相王时，就与桓温非常稔熟。

某次，司马昱与谢安一起去拜访桓温。

名士王珣恰好在桓温家里做客。桓温就对他说：“你一直想见相王，这次，机会来了，你可以躲在帐幕后面观看。”

司马昱、谢安走后，桓温问王珣：“你觉得相王为人怎么样？”

王珣说：“相王辅政，自然湛若神君；不过，您也是万夫之望的大人物，不然，谢安怎么会甘心屈居您之下？”

所以，桓温立司马昱，一方面是标榜“废昏立明”，另一方面自信可以从容控制司马昱。

但是，桓温在拥立司马昱时，真正面对着司马昱，却不知该如何说话。原本，他是设计有流程的，按照流程走，在废除司马奕之后，他见了新皇帝，应该泪流不止，再把事先写好了的数百句话用声情并茂的方式背诵出来，叙述废旧立新的意图。但桓温见了老朋友司马昱，内心感到很惭愧，一句话也说不出来。

如此说来，司马昱也是见证了许多风云起落的大人物了，见识应该不同凡响。

但司马昱的见识是很浅薄的。

曾经，他领着一帮随从出行，看到稻田里的水稻，不认识，就问随从，说：“这是什么草呢？”

随从答："王爷，这是水稻啊。"

司马昱臊得一张老脸都红了。

回宫后，他三天不出门，一个人关在屋子里，长吁短叹说："难道有依靠它的果实来维持生命，而不认识它的根本的道理吗?"

由此可知司马昱见识有限。

司马昱登位后，一切听命于桓温，惶惶不可终日，曾私下里向桓温亲信郗超探究桓温会否再行废立之事。郗超因此感到十分可笑。

司马昱还让郗超替自己递话给郗超的父亲郗愔，说："皇室宗族之事到这地步，是因为朕不能用道德去匡正守卫啊，惭愧慨叹之深，无以言表!"

司马昱还不断吟咏庾阐的诗："志士痛朝危，忠臣哀主辱。"

民间曾经流传有"晋祚尽昌明"的谶语，司马昱对这谶语牢记在心。

由于司马昱在做会稽王时已废黜了世子司马道生，司马郁等其他儿子也都早夭，他就急切盼望再生一个儿子。

哪个妃妾有生儿子的命呢?

司马昱请相士来给诸妾相面，相士看中了皮肤黝黑的婢女李陵容。

司马昱于是就召李陵容侍寝。

一来二去，李陵容自称多次梦见双龙枕膝，日月入怀，然后就怀上了司马曜。

怀孕期间，李陵容又说梦见神仙嘱咐："汝生男，以昌明为字。"

司马昱听了，泪如雨下，说："没想到我们司马家的昌明就这么出现了!"

然后，等司马曜出生了，他就真的以"昌明"为字。

司马昱认定了晋室灭在司马曜手里是天意，天意就不可违抗。

因此，咸安二年七月，他病重不起，一连串诏令召镇姑孰（今安徽省当涂县）的桓温入京辅政。

桓温不知他葫芦里卖的是什么药，推辞不应。

司马昱无奈立司马曜为太子，临终前写下遗诏，要桓温依周公例居摄，同时还学刘备，写："少子可辅者辅之，如不可，君自取之。"

旁边的王坦之实在看不过眼，抢过这道遗诏，当着他的面撕毁了。

司马昱哭丧着脸说："晋室天下因好运而意外获得，你又何必不满呢?"

王坦之说道："晋室天下是宣帝（司马懿）和元帝（司马睿）建立的，岂是陛下您想给谁就给谁的?"司马昱无奈，于是把写遗诏的重任甩手交给王坦之。

王坦之提笔改写道："家国事都可禀报给大司马，如诸葛武侯（诸葛亮）、王丞相（王导）的旧例。"

司马昱崩，但没有得到桓温的明确指示之前，朝内群臣还不敢马上拥立太子司马曜为新帝，大家都想等桓温还朝后再做决定。

关键时刻，是王导的堂侄、尚书左仆射王彪之站了出来，正色地说道："君崩，太子代立，干大司马何事?他又得有何异语?你等若要等他指示，必反被其责。"临危决断，迅速拥立了年幼的司马曜为帝，是为孝武帝。

褚太后惊惧之下，还下了命桓温行周公居摄故事的诏书。

幸亏被王彪之及时谏阻，他说："这是非比寻常的大事，大司马一定会再三推让，如此一来，不免使万机停滞，稽废山陵，未敢奉令。谨具封还内，请停。"

第五章　谢氏风流

东晋望族谢家能崛起全赖这一人

魏晋是一个看脸、看家世、看声望的时代。

魏晋政府所奉行的选官制度为脱胎于两汉察举制的九品中正制。

该种制度主要内容有三点：第一，设置对各地区人物进行品评的中正官；第二，中正官对本州和散居其他各郡的士人进行品第；第三，将品第结果分为上上、上中、上下、中上、中中、中下、下上、下中、下下九品，向上提交，作为选官高下的依据。

品评的依据集中在家世、道德、行状、才能等几方面上，当然，在品评这些的时候，脸也有意无意地成了其中一项至关重要的因素。

要不，为什么这一时期涌现出的美男子这么多呢？潘安、夏侯玄、

嵇康、卫玠、王濛……哪一个不是帅名远播的翩翩绝世佳公子？

并不是说这一时期盛产美男子，而是这一时期的美男子受的关注度高，得以留名青史。

谢安的曾祖父谢缵担任曹魏朝的典农中郎将，是个负责管后勤的小军官；而谢缵之前的先人，根本不载于史册，算不上什么人物，不值一提。

谢安的祖父谢衡，仕于晋武、晋惠两朝，于武帝太康元年（280 年）为守博士，惠帝元康元年（291 年）为国子博士，旋迁国子祭酒，元康中擢太子少傅，太安元年（302 年）为散骑常侍，这官才算是慢慢升上去了。

单看谢衡的官职，也该知道，他以儒学为官，以儒学显名。这就注定了他不会得到士流的倾心接纳，也不会得到时世所重。

为什么呢？

因为，东晋政府在名义上虽然提倡儒学，但社会主导思想却是玄学。

玄学的兴起，主要源于汉末的党锢之祸。

梁启超曾称：“东汉尚气节，崇廉耻，风俗称最美，为儒学最盛时代。”

可是，因为党锢之祸，许多如窦武、刘淑、陈蕃、李膺之类的硕儒和饱学之士死于非命，儒学遭受到了空前打击。进入魏、西晋，时局也未能好转，参与政治的名士仍旧祸事连连，蔡邕、孔融、祢衡等人惨遭权贵杀害，张华、裴頠、陆机等一大批名士更是丧生于“八王之乱”中。

在这样的背景下，士人们开始疏远朝廷、淡漠政治，由儒入玄，为全身远祸，或纵酒为乐，迷醉自己；或清谈玄理，忽悠别人；或高洁自持，蛰伏隐退。

玄学也因此得到了巨大的发展，并在这一时期大放异彩。

“玄”指《老子》《庄子》《周易》等著作上屡屡提到的“道”“玄

学”，即是指以老庄思想为支撑，糅合儒家经义以代替烦琐的两汉经学的一种哲学思潮。其讨论的核心问题为本末的有无，即宇宙是否最终存在，亦即本体论的问题。

两汉士人因为依附于帝王所钦定的儒家文化，所以没能形成独立的、富有创造力的文化行为，并没有重大文化成就；而魏晋士人跳出了政治，目光转向了生命本体，开始独立思考生命本身的意义，思想上得到了大解放，意志上有了大觉醒。

可以说，玄学的兴起，是华夏民族迎来的继春秋战国以来中国精神史上的第二次思想大解放。

在这里，两汉经学、儒家名教礼节、迷信谶纬遭受到了怀疑和否定。士人们以独具一格的眼光和思考方式去领会和体悟宇宙和生命的本质。他们接受老庄的无为思想，主张顺其自然，拒绝人为地改变世界的本质，主张以审美、游戏的态度去体验人生，思考个人存在的价值，这种崇无轻有的哲学思想使中国哲学史发展到了一个全新的高度。

在这个时期，士人清谈成风，标榜玄虚，谁要不谈玄言谁就被边缘化，谁要不谈玄言谁就被士人群体所排斥。

长期担任国子博士、国子祭酒等职的谢衡是以儒学大师的面目出现在士人阶层的，他不受士人欢迎，就在情理之中了。

好在谢衡的大儿子，也就是谢安的大伯父谢鲲权于机变，他虽是在儒家经典里浸泡大的，但看到儒学不吃香，就改弦易辙，转学玄学。

谢鲲实在是个天才，居然一学就上路了。玄学那一套理论、那一套做派、那一种放荡不羁、那一种忘情物外，甚至清谈、弹琴、啸歌，无不学得有模有样，俨然“竹林七贤”的翻版。

“竹林七贤”的后人王衍、嵇绍等人都对他的玄学家风范感觉惊异。

谢鲲的洒脱乃是真洒脱，有一次，有人故意在长沙王司马乂跟前恶意中伤谢鲲，说他的坏话，司马乂听信了谗言，命人将谢鲲抓来，二话不说，抡起鞭子就要抽。谢鲲表现得极其淡漠，也不申辩，解衣就罚，

爱抽就抽，仿佛那身体只是一副与自己毫不相关的皮囊，没有半点忤逆的神色。司马乂越打越犯嘀咕：怎么会这样？不会是我冤枉了他吧？这样想着，打不下去了，丢掉了鞭子，命人把他放了。

既已得释放，谢鲲也不道谢，脸上也没有庆幸和高兴的表情，从容起身，穿好衣服，飘然而去。

谢鲲这种潇洒飘逸、放任旷达的作风传到东海王司马越的耳朵里，司马越大为激赏，将其辟为王府里的官员。

谢鲲在王府工作的时间并不长，因家童犯罪受到牵连，官职丢了。

认识他的名士，如王玄、阮修等人，纷纷为谢鲲抱不平，叹恨不已。

谢鲲却跟没事人一样，坐在家门口，鼓琴清歌，扬扬自得，压根就不把丢官弃职之事放在心上。

由此，谢鲲的名声也就更高了，远近名士莫不膺服其高远豁达的态度。

大帅哥撩妹，被刚烈女用梭子击落了两颗大门牙

谢鲲的邻家高氏有一女儿，长得娇美动人，谢鲲心生爱慕，就想方设法找机会去勾搭。哪知此女性情刚烈，痛恨窃玉偷香之类的恶行，她正在机杼前织布，面对谢鲲的挑逗，奋起手中的梭子用力猛掷。谢鲲闪避不及，被击中面门，满嘴鲜血，更惨的是，随着鲜血吐出的，还有两颗大门齿！

人们因此幸灾乐祸道：“任达不已，幼舆（谢鲲字幼舆）折齿。”

“折齿”一语出自《左传》，《左传·哀公六年》中有语云：“女忘君之为孺子牛而折其齿乎！”引申为某人为某事操劳得牙齿都掉了。人们把这个词用在谢鲲身上，竟也应时应景，不但毫无违和感，而且语带双关，风趣幽默，生动传神。

谢鲲听了，也毫不介意，昂然长啸说：“犹不废我啸歌。”

这就是成语“投梭折齿”的来由。后世也经常拿阮籍白眼看权贵之事与之相提并论，称：“白眼向权贵，折齿为美人。”

因为这一桩风流逸事，东海王司马越对谢鲲也就更加喜爱了，又派人来找到谢鲲，让他转任参军事。但谢鲲已看出了中原动荡的一些苗头，婉言谢绝，避地于豫章。

对于伯父的洒脱，谢安后来是这样评价的：“如果竹林七贤遇到他，一定会把臂相邀其入竹林。”

事实上，谢鲲就一直以“竹林七贤”为模仿的对象。

他和胡毋辅之及阮瞻等人都争着说自己的玄学是得自阮籍的真传，已悟出了大道之本。

他还学习阮籍，将自己全身的衣服脱去，一丝不挂，放拓不羁。

而“永嘉之难”过后，谢鲲随着南渡衣冠到了建康，与当世名士毕卓、王尼、阮放、羊曼、桓彝、阮孚、胡毋辅之等人经常一起披头散发，放浪形骸，箕踞而坐，高谈阔论，笑看功名，被人们称为“江左八达”，与之前的“竹林七贤”相对应。

既为“八达”之一，谢鲲的名士身份也就获得了当权者的认可，谢氏家族的地位大为抬升，进而跻身于士族之列。

谢鲲在权臣王敦手下担任长史，王敦的族弟、成名已久的大名士王澄和他交谈，竟有棋逢对手、将遇良才的感觉，看都不看王敦一眼，只顾着与谢鲲热聊，聊了大半日而不知疲倦。

经过这次会晤，王澄逢人就慨叹说：“这个世间，可以跟我畅谈的，也就只有谢长史一人而已。”

卫玠南渡过了长江，也专门来到王敦处拜访谢鲲，两人相见欣然，惺惺相惜，言论弥日。

卫玠去世后，谢鲲悲痛万分，别人问他何以至此，他答：“栋梁折矣，不觉哀耳。”

晋明帝还是太子时，也十分敬重谢鲲，有事没事喜欢找他聊天。

某天，晋明帝突然问："人们老是拿你和庾亮相比，你自己有什么看法?"

庾亮的祖上庾乘曾得汉末名士郭泰提携，庾氏家族由此兴盛发达，成了颍川鄢陵（今河南鄢陵）的高门大族。庾亮与王导、郗鉴同列为东晋"三良"，是东晋政府最重要的三个领导人，德才兼备、位高权重。

面对晋明帝的提问，谢鲲从容回答："为朝廷立法，为百官做表率，鲲不如亮；一丘一壑，鲲则远胜于亮。"丘壑意指寄情山水。这就是成语"一丘一壑"的来历。

对于谢鲲的回答，大名士温峤一点儿也不觉得奇怪，他对谢鲲的儿子谢尚说："尊大君岂惟识量淹远，至于神鉴沈深，虽诸葛瑾之喻孙权不过也。"

王敦不满晋元帝和刁协、刘隗等宠臣搞小动作架空自己王家，准备发动叛乱，谢鲲劝他不要做出过激反应，说刘隗等人不过城狐社鼠，不值得这样大动干戈，王敦不听，终于酿成大错。

而王敦的动乱被平定后，由于这个原因，谢鲲的谢氏家族没有受牵连。

太宁元年（323 年），谢鲲死于豫章太守任上，时年四十三岁。

谢裒——即谢安的父亲跟随兄长谢鲲南下渡江，得拜参军；当谢鲲到王敦手下担任长史及豫章太守时，谢裒先是转郡尉，后升太常卿，不久，又担任吏部尚书、万寿子。

按理说，谢家这时也算是朝廷新贵了，可是他们陈郡谢氏并非曹魏旧臣望族，仍然很受旧士族阶层的鄙视。谢鲲死时，谢氏家族就因为家世不显，权势太弱，无力为谢鲲选择上好的茔地，致使谢鲲只能下葬在石子冈。这石子冈，是三国孙吴时期以来的乱葬之所。《搜神记》卷二中就说，其地"冢墓相亚，不可识别"。当年，吴相孙峻所杀的朱主、诸葛恪等人，均葬于石子冈。尤其是诸葛恪，更是以苇席裹尸，真正达到了乱葬的效果。

谢鲲葬于石子冈，说明谢氏家族的社会地位还很低。要改变这个现状，谢家子弟还要加倍努力。

谢鲲只有两个儿子，长子早夭，次子谢尚却是个了不起的人物。

桓温发展势力的最大障碍：谢尚

谢尚，字仁祖，才智超群，精通音律，善舞蹈，工于书法，擅长清谈，为人风流，有“镇西妖冶故”之说。

很小的时候，谢尚就处处显示出与常人不一样。

他七岁那年，兄长去世了，他所表现出的哀恸之情远远地超出礼法，众人引以为奇。

八岁时，谢鲲带他出席一些宴会，有客人看他举止得体，称赞说：“这小朋友可真是座中的颜回啊。”谢尚满脸稚气地应答道：“座中若无仲尼，又怎么能辨别出颜回?”

满座宾客无不惊叹。

十多岁时，谢鲲去世，温峤到他家吊唁，看谢尚哭得双眼红肿得如同两只桃子，哀伤至极，可是叙述起父亲咽气的经过，却条理清晰，温峤大为看重。

两晋名将陶侃临终时没有留下一句有关国家兴利除弊、官吏进退之类的遗言，满朝文武都为之遗憾。谢尚却不以为然说：“这是因为现在并没有竖刁这类奸邪小人，陶公因此无须留下遗训。”时人认为这是贤者德音。

弱冠之年的谢尚更加辨悟绝伦、不拘细节，他喜欢穿绣有花纹的衣裤，但经叔叔指出，便马上改掉了这一习惯。

谢尚精于音乐，广通多种乐器，善草书，能跳难度系数很高的鸲鹆舞。大司徒王导十分器重他，常常把他比作“竹林七贤”之一的王戎，常称他为“小安丰”，召他为自己的属官。他刚到司徒府报到时，王府

正大摆宴会。王导向众人介绍他，并盛情邀请他，说：“大家都说你能跳鸲鹆舞，现在你来了，满座宾客都想一睹此舞风采，不知你能否满足众人意愿?”谢尚也不推辞，落落大方地说：“好。”便从容整理衣巾，翩翩起舞。王导领着座中宾客拍掌击节，谢尚俯仰自得，旁若无人，率真任意，没有半点羞涩。

谢尚善琵琶，曾经有人非议他，当即就有人替他辩护，说：“诸君莫要轻言，仁祖（谢尚字）跷脚于北窗下弹琵琶之际，听之自有羽化登仙之想。”

这个为谢尚辩护的人姓桓，名温，是个对谢氏家族有着巨大影响的人。

桓温父亲桓彝和谢鲲的经历大体相类，都凭借自身的努力完成了家族由儒入玄的使命。但桓彝参与了平定王敦之乱的行动，又死于苏峻之难，事功远胜于谢鲲，所以桓温的起点就比谢尚高得多，并且，桓温本身也是个旷世之才，所以，他的功业也要比谢尚大上许多。

谢尚的琴艺既得风流名士和绝世大英雄桓温的如此称赞，那端的是天外之音了。

擅长歌舞乐器外，谢尚的射技也非常高超。

他在任都督江夏义阳随三郡军事、江夏相期间，曾和镇守在武昌的安西将军庾翼比赛箭法，庾翼打赌说：“你若能射中靶心，我就将我的鼓吹赠送给你。”谢尚应声引弦，一箭中的。庾翼心悦诚服，当即将他的鼓吹双手奉送给谢尚。

谢尚为政清简，他刚到任上，看到郡府用了四十匹布为自己造乌布帐，大怒，马上命人拆了，用布为将士们做衣裤。

晋永和八年（352 年），谢尚为镇西将军，出镇寿春，人称谢镇西。

某天，谢镇西在酒楼上，高坐胡床，身穿紫罗襦，弹琵琶作《大道曲》，曲云：“青阳二三月，柳青桃复红，车马不相识，音落黄埃中。”描画出一派桃红柳绿、妍态盎然的春天景象。“桃红柳绿”一词也因此流传了下来。往来的路人谁也不知道弹唱者竟是出镇一方的将军。

谢镇西还喜欢吹笛，曾于牛渚月夜于江中吹笛应和袁宏的咏史诗，并采石制造石磬。江南一带有钟石的音乐，即从谢镇西开始。

谢镇西有一个侍妾，名叫宋祎，也是个吹笛高手。

说起来，宋祎也是个有故事的人。

她曾是西晋超级大富豪石崇的爱妾，名气次于石崇的另一个艳妾绿珠。石崇死后，其所豢养的奴仆、歌妓自寻生路，作鸟兽散。宋祎先是流落入襄城公主府邸，永嘉南渡后被襄城公主的丈夫王敦收为侍妾。王敦因不堪幕府众人劝谏，将家中侍妾悉数遣出，宋祎便在其中。宋祎后来机缘巧合，又入了晋明帝司马绍的皇宫。晋明帝病危，在群臣进谏下，又将宋祎外放，赐给了“竹林七贤”之首阮籍的从孙阮孚。阮孚死后，宋祎终为谢尚所得。

谢尚曾问宋祎：“我和王敦相比何如?”

宋祎妩媚一笑，娇滴滴地说：“王敦和使君相比，简直是田舍郎与贵公子的区别。”

的确，谢尚多才多艺，风流倜傥，又长得玉树临风、风度翩翩，而且年纪也比宋祎小了许多，当然不吝此一赞。

谢、宋两人的枕边密语传到民间，人们也没觉得有什么不妥，盖因“镇西妖冶故”，谢尚的容貌确实艳丽多姿，比王敦有风致得多。

说起来，谢尚出镇寿春，原是为了配合殷浩北伐。

跟谢尚一样，殷浩也是一个大名士，刚开始他的名气比谢尚大。

殷浩擅长清谈，谢尚曾登门挑战。殷浩旁征博引，开阖纵横，做了许多关于人生意义上的阐发，非但谈吐举止别有风致，更兼以辞藻丰富多彩。谢尚听得入迷了，不觉汗流满面。殷浩从容地吩咐手下人：“取手巾来与谢郎拭面。”谢尚由是羞惭而归。

殷浩，字渊源，陈郡长平（今河南西华）人。

太尉、司徒、司空三府征召他为官，他都推辞不就。

征西将军庾亮召他为记室参军，后又要任他为司徒左长史；庾亮的弟弟安西将军庾翼也请他做司马，任命为侍中、安西军司，他都称病不就，隐居于古墓里，将近十年，时人把他比作管仲、诸葛亮。

谢尚等人还专门到古墓向他讨教天下走势，请他预卜江左的兴亡。

从古墓出来，谢尚等人都大为感慨道："渊源不起，当如苍生何！"（渊源，殷浩字）

庾翼又给殷浩写信，再三劝他出山，他还是执意不出。

直到庾氏兄弟相继死去，晋简文帝司马昱开始入朝执掌朝政，写信恳求，殷浩这才接受征召。

桓温平灭了成汉，功高震主。司马昱为了打压桓温，就以殷浩为心腹之臣，用以抗衡桓温。

为了达到打压桓温的目的，殷浩出山之后的第一件事就是上表申请北伐。

晋永和六年（350 年）殷浩任中军将军、假节、都督扬豫徐兖青五州诸军事，大举北伐。

原先晋康帝驾崩，晋穆帝即位，而晋穆帝只有两岁，由母亲褚太后垂帘听政。而这个褚太后是谢尚的外甥女，考虑到谢尚有建武将军、历阳太守，转督江夏、义阳、随三郡军事、江夏相的经历，就用他出任江州刺史，与庾氏争夺江州。争夺江州不果，转用他为豫州刺史，以为京师南藩，谢尚也因此为陈郡谢氏一族首次取得方镇屏藩实力。

而谢尚和殷浩都娶了陈郡袁耽的妹妹为妻，两人是连襟，而且是意气相投的好朋友，现在，殷浩既总北伐军事，就推荐谢尚出镇寿春，陈郡谢氏的权势于是又得到了更大的提升。

然而，殷浩的北伐却以失败收场。

殷浩败师辱国，原先罩在他头上的所有光环都不见了，以桓温为代表的东晋文武朝臣纷纷上书，要求查办殷浩，将其贬为平民。

晋永和十年（354 年），殷浩被废为庶人，流放于东阳郡信安县。

殷浩下野，东晋的内外大权全归桓温一身。

北伐虽然失败，谢尚却有两大收获。

一、谢尚在北伐中找回了传国玉玺，意义重大。之前的东晋诸帝，就因为缺少了这个玉玺，一直被中原人氏戏谑为“白版天子”，现在，终于摘掉了“白版天子”的帽子，谢尚功不可没。

二、谢尚于寿春留心收纳了大批中原乐人，不久，采石制为石磬，终于制成太乐。这也是了不起的大事。有了太乐，也就意味着东晋是皇权正统所在。

有了这两件大功，谢尚数度被征，供职京师，拜尚书仆射，都督江西淮南诸军事，后又加都督豫州扬州之五郡军事，自请留朝。

桓温大赞他有入相出将之才，称他足可“入赞百揆，出蕃方司”。

不久，桓温北伐长安，收复了旧都洛阳，请谢尚入洛，抚宁黎庶。时谢尚已进号为镇西将军，出镇寿春。以病辞洛阳不镇。

事实上，自殷浩被黜，谢尚已经成了桓温发展势力的最大障碍。

谢万才干和器量皆优，但谢安要经常在后面帮他擦屁股

谢尚既拜尚书仆射，都督江西淮南诸军事，后又加都督豫州扬州之五郡军事，谢氏家族的权势和声望都得到了巨大的提升。

那么，这时的谢氏家族是不是就得到了旧士族的认可了呢？

答案是否定的。

在许多旧士族的眼里，陈郡谢氏不过就是一个走了狗屎运的暴发户，算不上真正的贵族。

谢尚的兄长早逝，自己只生了两个女儿，没有儿子，最亲的亲人就是叔叔谢裒一家了。

谢裒一共有五个儿子，由大到小，分别是谢奕、谢据、谢安、谢万、

谢石、谢铁。

谢万其实也是个奇才，他的才干和器量皆优异出众，口才既好，又擅长写文章，得到过许多人的称赞。

殷浩就称赞他："文理转遒，成殊不易。"

桓温则说："万石（谢万字万石）挠弱凡才，有何严颜难犯！"

书圣王羲之也赞美他："在林泽中，为自遒上。"

谢万曾经以渔父、屈原、司马季主、贾谊、楚老、龚胜、孙登及嵇康八个隐士和显士写了《八贤论》，名扬一时。

然而，他的毛病也很明显，喜欢卖弄、自大和莽撞。这也经常让谢安等人连带着受耻，谢安甚至不得不经常跟在他的背后替他擦屁股。

有一次，谢安和谢万一起乘船前往建邺，途经吴郡，谢万突然心血来潮，想去会会王导的儿子、时任吴郡太守的王恬。谢安劝他："人家身出名门，咱们是什么身份？去了人家也未必肯见，还是不要自讨没趣吧。"谢万不听，坚持要去。谢安只好由他。谢万一个人去了。到了王恬府上，王恬倒是接见了，但只简单地敷衍了几句，就把他晾到一边，闪身回后室了。神经大条的谢万还搞不清楚状况，自我感觉良好，认定王恬是入内拿什么好东西出来招待自己。然而，等了很久，王恬终于出来了，却披头散发，发梢湿漉漉的。显然，他是去里面洗头了。谢万大为尴尬。这还没完，王恬出来了，招呼也没跟谢万打，把谢万当成透明人，径自迈步到院子晒头发，神情倨慢，旁若无人。谢万恨不得地上有个洞钻进去。回到船上跟三哥哭诉，大骂王恬不是东西。谢安安慰他说："阿螭（王恬小名）平素不会做作，早叫你不要去了，他要是以礼待你，那也不过是装出来的客气，一样没意思。"

谢万除了被旧贵族开涮和挖苦外，因为狂妄自大，也常常被身边的人瞧不起。

有一次，他和蔡系等人同到征虏亭送别高僧支道林。谢万为了更接近支道林，乘蔡系离座间隙，一屁股占了蔡系的座位。蔡系回来一看，好呀，好你个谢万，占我座位，我叫你占，我叫你占！用力一推，把谢万连同他屁股下的坐垫一并推开，然后施施然坐回那个原本属于他的位置。跌倒在地的谢万狼狈不堪，头上的帽冠和头巾都歪了，冲着蔡系抱怨说："算你厉害，我的脸差点就被你弄伤了。"蔡系白了他一眼，说："我可从没考虑过你的脸！"

屡遭别人挖苦和贬损的谢万还是改不了自己爱炫耀、爱吹牛的缺点。

某天，他当着自己的岳父、扬州刺史王述的面，直言不讳地说："人家都说君侯痴愚，而君侯也的确是痴愚。"

王述幼时性格急躁，据说，有一回，他吃已经蒸熟了的鸡蛋，鸡蛋尚未破壳，王述想用筷子直接刺穿鸡蛋壳，串在筷子上，串成糖葫芦一样再去壳食用。但鸡蛋光滑，在盘中乱转，怎么刺也刺不到。王述勃然大怒，将整盘鸡蛋全部掷向地下，有些鸡蛋跌落地上还没有碎，在地上滴溜溜滚动，王述更加怒火中烧，跳起来用脚猛踏，因为太急，居然没踏中。王述差点没气死，一怒之下，趴倒在地，用手将那些鸡蛋放进嘴里，一个个咬破，又愤怒地吐在地下。旁边观看的人忍俊不禁，全笑抽了。这种性格明显影响到了他的成长，王述也因此到了三十岁还默默无闻，很多人都说他痴愚。意识到这点，王述就开始努力克服自己的缺点，性格渐渐变得沉稳、平和，再加上得到了王导等人的提携，便开始显名。

现在，王述听了女婿的话，脸色如常，徐徐答道："并非没有这样的议论，只是我晚年的名声已经好转了，而你呢?"对谢万的事业提出了质疑。

其实，不但是谢万的事业，整个谢家的事业都应该遭受质疑了。

虽说谢尚后来又得领都督豫、冀、幽、并四州军事，进封卫将军，加散骑常侍，但诏未至而于升平元年（357 年）病笃卒于历阳，享年只有四十八岁。

谢安的父亲谢裒更是在永和二年（346 年）就死了，而谢安的大哥谢奕在继承了谢尚的功绩，任都督豫司冀并四州军事、安西将军、豫州

刺史后的第二年，即升平二年（358 年），也跟着病死了，时年五十岁。

谢安的二哥谢据死得更早，死年才三十三岁。

谢尚没有子嗣，四弟谢万办事又这样不着调，谢氏家族兴衰的重任就落在谢安的身上了。

少年谢安风宇条畅，海内仰慕

在中国历史上，曾经出现过这样的一个人，他既优雅又优秀，品貌非凡，才华绝世，时人称他“神识沈敏，风宇条畅”。他温文尔雅、谈吐不凡，他的气质高贵，他的神情永远飘逸。他崇尚老庄玄学，淡泊名利，流连山水，本来只想安安静静地做个美男子，历史的剧变却把他推上了时代的风口浪尖。

如果不是因为有他，我们很难想象那种有着老庄一样情怀、像老庄一样向往自然、比老庄还要超然物外的人会在政治上取得那么大的成就。

对他来说，从政和归隐没有区别，从政即是归隐、归隐即是从政，山不是山，水不是水，人却还是那些人，事也还是那些事。

他是诗人、音乐家、书法家，也是评赏家。

他的山水玄言诗走在陶渊明、谢灵运等人的前面，并直接影响了陶渊明、谢灵运诗风的走向；他流传下来的琴让南齐竟陵王萧子良视若珍宝；他的书法被南宋大词人姜夔誉为世间第二（第一为书圣王羲之），且为唐宋颜、柳、苏、米等大家所取法；他看人的眼光独到，有“一评即挫成美于千载”之赞，晋代顾恺之的画圣地位，便是他一语奠定的。

主政期间，他以“泰山崩于前而色不变，麋鹿兴于左而目不瞬”的气度，从容挫败了权臣颠覆国家政权的阴谋；以治国如烹小鲜的恬静和自得制造出了荆扬相衡的大好局面，处处以大局为重，不结党营私，调和了朝廷的内部矛盾，使原本风雨飘摇的国家在乱世中出现了安居乐业的“小康”景象；以“运筹于帷幄之中，决胜于千里之外”的谋略拯救了国家危局，在谈笑之间，把来犯的百万强寇轻松击退……

他的事业和人生无疑是成功的。

然而，在这样的成功里，我们却看不到他的忙碌——在山水、书画、琴棋和清谈中，他把国家治理得井井有条。

他享受着生活、从容地安排着生活，拿得起、放得下，功成名就之日，繁华深处，优雅转身，将功名权位视如衣服上的尘土，随手轻轻掸去——他是那么干净，那么一尘不染，出世入世，来去自如。

他——就是东晋名相谢安！

因为他的才情，因为他的功业，更因为他那无可复制、难以企及的完美，他一直被人们所推崇着、倾慕着。

他的粉丝并不局限于他生活的时代，千百年来，膜拜他的人不可胜数。

而且，让人吃惊的是，越是文化大腕，对他的崇拜越是痴迷和狂热。

李白、苏东坡、辛弃疾……对他更是有一种超乎宗教式的崇拜，留下的诗句、词句让人眼花缭乱。

斯人已逝，世间不再。

谢安时代的贵族已经成为过去，谢安式的名士已经灭绝。

谢安出生于大兴三年（320年）。

桓温的父亲桓彝第一次见到谢安，谢安才四岁，桓彝已经忍不住大赞特赞，说："此儿风神秀彻，后当不减王东海。"（王东海，指东晋初年名士王承）

谢安七八岁时，长兄谢奕任剡县县令，常常带他在身边。

有一回，一个老头儿犯了法，论罪当用刑。谢奕看他年纪大，不忍心用刑，但也不愿就此拉倒，想来想去，决定罚他喝酒。他让手下取来两壶酒，勒令老头儿全喝了。老头儿的酒量不行，还没喝几口，就受不了了，连连求饶。谢奕自己酒量奇大，打死也不相信老头儿才喝几口就醉，脸色一沉，就要对老头儿动粗。坐在膝边玩耍的谢安看着老儿，动了恻隐之心，对兄长说：“阿兄，这老翁怪可怜的，你怎么能这么对他呢？快放了吧！”谢奕没想到这个稚气未脱的弟弟居然来指责自己，一下子愣住了。他盯着谢安看，谢安也盯着他看，一本正经，表情十分严肃。谢奕于是自我检讨，觉得自己这样做是有些不厚道，挥挥手，把那老头儿放走了。

小谢安也因此获得了仁爱的美名。

说起谢奕的酒量，那可不是盖的。他和桓温是好朋友。他原先入朝为吏部郎，又出为晋陵太守，桓温升为安西将军、荆州刺史，专门点名要他到荆州做司马。到了荆州，谢奕因为好酒，经常违反晋见上级的礼节与桓温对喝，喝高了，就把头巾摘下丢掉，长啸吟唱。桓温因此称他是“世外司马”。每次喝酒，桓温喝不过了，就会落荒而逃，逃去夫人南康公主那儿躲起来。南康公主总会因此感激地说：“哎哟，如果没有这样一个世外司马，我都见不到我夫君了呢！”谢奕看桓温走了，就拉桓温的部卒继续喝，嘴里还醉醺醺地说：“走了一个老卒，又拉来一个老卒。”

谢安十三岁，长成翩翩少年，神态稳健，反应灵敏，风宇条畅，就连写字，都写得那么漂亮，后世北宋大书法家米芾就赞他的书法是“山林妙寄，岩廊英举，不繇不羲，自发淡古”。

远在辽东的少年英雄慕容垂（后来后燕的开国君主）心生仰慕，竟然不远千里派人给谢安送来了一对白狼毛做成的装饰品，十分珍贵。

少年谢安曾向阮裕请教《白马论》文中深意。阮裕就将自己写的关于《白马论》的文章给他看。谢安理解不了文章里的意思，就一再追问。阮裕因此感叹道：“不仅能谈《白马论》的人不可得，就是要求了解《白马论》的人也不可得啊！”

少年谢安去拜访另一个大名士王濛，两人清谈多时，略无疲色，王濛之子王修等他告辞出门，悄悄问父亲：“刚才谈话的客人是什么来头？”王濛说：“此客勤勉不倦，日后定将咄咄逼人。”

王濛是个极其自恋的绝世美男，他最喜欢做的事就是照镜子，照的时候嘴里会念念有词地说:“嘻嘻,王文开(王濛父亲的名字)竟然生出了这么俊俏的儿子!”

王濛长得确实俊俏,许多名士都称赞他仪表非凡。一次他去拜访一个叫王洽的人,还没进门,王洽就在屋里慨叹:“外面来的客人简直不是凡世中的人啊。”

还有一次,王濛到集市上去买帽子。卖帽子的美艳少妇被他的美貌所吸引,死活也不肯收他的钱。此事传出,轰动一时。

当然了,作为一个名士,王濛免不了像其他名士一样,手持麈尾,畅谈人生。王导、殷浩、刘琰等人,都是他最忠实的谈友、听众。

王濛品评人物很独到,常常用三言两语就综合评述了一个人的特点。比如,他对殷浩的评论是:“殷浩这个人不仅优点胜过别人,他对待自己优点的态度也胜过别人。”

现在,他这样评论谢安,使得谢安小小年纪就负有了盛名。

 东晋的名士风采,说说谢安的那些朋友

王导很器重谢安,征召他入司徒府,后又任命他为佐著作郎,但都被谢安拒绝了。

无官一身轻的谢安隐居在会稽的东山,与王羲之、许询、支道林等名士名僧一起吟颂风月,笑傲江湖,出则渔弋山水,入则吟咏属文,挟妓乐优游山林,快乐无比。

谢安曾攀上临安山,枯坐于石洞,面临深渊,怡然自得,对好友王羲之说:“此等情致与伯夷有何不同!”

扬州刺史庾冰仰慕他的名声,曾多次命郡县官吏催逼,谢安不得已,应付式地挂了一个多月的职,又挂冠遁去。

他的名声就更加大了。

朝廷就更加迫切要征召他了。

但无数次的征召无果，终于激怒了群臣，一致上疏指责谢安。

朝廷由是做出了一个艰难的决定：禁锢谢安终身。

但时过不久，又下诏赦免。

无论是禁锢还是赦免，谢安根本不屑一顾，我行我素，放浪于东部名胜之地。

热衷于和谢安交往的人士几乎囊括江左的所有高官、名士、高僧。过从甚密的有司马昱、桓温、王恂、刘惔、殷浩、阮裕、王胡之、韩康伯、许询、王羲之、孙盛、孙绰及竺法深、于法开、于法威、支道林等高僧。

关系和谢安最好的是孙绰、王羲之、支道林等人。

孙绰为世家子弟，性好山水，博学多才，时人称其文采横绝一世，但玄学水平并不是很高。有一次，孙绰到谢安家留宿，和谢安促膝长谈了一夜。第二天，谢安送他走了，问自己的夫人，说："昨晚的客人怎么样?"谢安的夫人是名士刘惔的妹妹，在玄学上也很有造诣，不屑地说："我哥哥家里从来没有过这样的宾客。"谢安听了，哈哈大笑。

对于王羲之的水平，谢安虽然总是谦逊地对别人说王谢不相上下，但人们都知道，王羲之跟谢安还是有些差距的。

王羲之是王导的侄子，擅长书法，其运笔一脱汉魏之风，自成体系，影响深远。世人常用曹植的《洛神赋》中："翩若惊鸿，婉若游龙，荣曜秋菊，华茂春松。仿佛兮若轻云之蔽月，飘飖兮若流风之回雪。"来赞其书法之美。

王羲之也是一个性情中人，成语"东床快婿"说的就是他。

太傅郗鉴想到丞相王导家物色一个王家子弟为婿，王家子弟知道了，纷纷华妆盛服，精心打扮，精神抖擞地等待着郗鉴挑选。

郗鉴派来的使者挑选来挑选去，觉得王府的才俊个个俱佳，无从抉择。为难间，突然发现了东厢书房里有一个青年，袒腹仰卧在靠墙的床上，神情潇洒。使者的眼球瞬间被他的气度秒杀，回报郗鉴。郗鉴拊掌大笑，说：“哈，这个坦腹东床的年轻人就是我的女婿了！”

谢安比较喜欢王羲之的小儿子王献之，曾有“我见子敬（王献之的字），便觉情不自已”之语。

支道林，本姓关。陈留（今河南省开封市）人，二十五岁出家，曾居支硎山，后于剡县（今浙江省嵊州市）沃洲小岭立寺行道，其学问贯通佛、玄两门，著有《释即色本无义》《即色游玄论》《圣不辨知论》《道行旨归》《学道诫》《大小品对比要妙》《辩三乘论》《释蒙论》《学道戒》《逍遥论》等，在《即色游玄论》中，提出“即色本空”的思想，创立了般若学的性空思想，成为般若学六大家之一。

支道林对佛学的研究，使他成为当世高僧。而让当时名士为之倾倒的，是他用般若学解释老庄的高论。

玄学大师郭象、向秀都曾为《庄子》作注，两家注本一出，便成经典，成了时人研究《庄子》不可超越的顶峰。但支道林在二家注的基础上，更将佛学引入庄学，用即色义解释《庄子》的逍遥义，从而阐明了更深的含义，挖出许多深层而不可得的道理，并向世人解释得清清楚楚。

“支注本”问世，诸贤便将之奉为“支理”，从此谈《庄子》都采用“支理”。

支道林“理趣符老庄，风神类谈客”，喜欢书法，爱好游山乐水，擅长诗文，经常和玄门名士一起吟风弄月。

有人布施给他五十两金和一匹骏马。他把五十两金散尽送人，却把马留下来精心饲养，赏玩不已。有人觉得奇怪，金可以生利息，马却要费草料，你怎么把金散尽而留下马受累呢？支道林哈哈一笑，说：“世俗之人，懂得什么？贫僧就偏爱马匹的神骏本性！”

又有人布施给他两只鹤，他同样宠爱有加，但没几天，就对鹤说：“你本是自在之物，怎能做人类的耳目玩物呢？”毅然将鹤放飞了。

人们观其行、听其言，遂称他为身披袈裟的名士。

支道林认为，自己跟谢安、谢万兄弟交往是仰攀了谢安，抬举了

谢万。

起先，孙绰初听支道林大名，便对王羲之说：“郡内出了个高僧支道林，对问题的看法很有一套，咱们去会会他吧！”王羲之起初并没把支道林当回事儿。孙绰结识了支道林，就和支道林一起乘车拜访王羲之。王羲之表现得很冷淡，对支道林爱答不理的。支道林心头有气，就想找机会教训教训这个目中无人的小子。有一次，王羲之准备出远门，车子已经备好了，王羲之正要上车，支道林不知从哪儿冒出来，拉住了王羲之，说：“请你稍稍停留一会儿，我有几个问题跟你讨教。”然后，不由分说，就滔滔不绝地谈论起佛道相渗透、佛玄互交融的禅学义理，辞藻新奇，舌灿莲花，听得王羲之冷汗直流，脱下了外衣，断了出门的念头，将支道林留在家里虚心请教。

王羲之的《兰亭集序》被称为“书文双绝”，那么兰亭聚会的盛况如何呢？

永和九年（353 年）三月初三，是上巳节，天朗气清，惠风和畅，上至王公贵族，下至小民百姓，都到水边洗濯，清除污垢，祓除不祥。

经谢安、孙绰、郗昙和王凝之的提议，由时任会稽内史的王羲之主持，召集群贤在会稽山阴兰渚靠近鉴湖的兰亭举行了一次千古流芳的曲水流觞活动。

所谓曲水流觞，就是大家围坐在回环弯曲的溪水边，将盛了酒的觞（一种质地很轻的漆器）置于上游，任其顺着曲折的水流缓缓漂浮，觞漂到谁的跟前，谁就取杯饮酒。如此循环往复，兴尽而止。

兰亭修禊祭祀仪式结束，王羲之等人就端坐在兰亭清溪两旁，饮酒赋诗，好不热闹。

参加这次活动的四十二位名士中，王羲之、谢安、谢万、孙绰、孙统、王彬之、王凝之、王肃之、王徽之、徐丰之、袁峤之共十一人四言诗、五言诗各一首；王丰之、王元之、王蕴之、王涣之、郗昙、华茂、庾友、虞说、魏滂、谢绎、庾蕴、孙嗣、曹茂之、曹华、桓伟共十五人，或四言诗或五言诗各一首。另有王献之、谢瑰、卞迪、卓旄、羊模、孔炽、刘密、虞谷、劳夷、后绵、华耆、谢藤、任凝、吕系、吕本、曹礼共十六人，因未赋诗而各被罚酒三觥。

王献之这年只有七岁，因为写不出诗，小小年纪，居然也和大人一样，被罚酒三觥。

王羲之把大家写成的三十七首诗汇编成集，乘着酒兴，用蚕茧纸、鼠须笔挥毫作序，写了举世闻名的《兰亭集序》，该序笔墨也被后人誉为“天下第一行书”。

即王羲之的《兰亭集序》被称为“书文双绝”！

谢安所写的两首《兰亭诗》，其一为：

伊昔先子，有怀春游。契兹言执，寄傲林丘。

森森连岭，茫茫原畴。迥霄垂雾，凝泉散流。

该诗如果用白话文直译，大致是：他们以前的先人（即“我们”之意），怀着共同的心愿一起春游，现在特地写下了这些语句，作为到此一游的凭证，借以寄托狂放高傲的情怀于山林之中。茂密深邃的森林连接着高低起伏的崇山峻岭，苍苍茫茫的原野渺无边际。空旷遥远的天空垂着薄雾，凝聚成的清泉流向八方。

此诗虽重在写景，却也有大宇宙而小人生之叹，并蕴藏了归隐林泉、寄情山水的情怀。

另一为：

相与欣佳节，率尔同褰裳。薄云罗阳景，微风翼轻航。

醇醑陶丹府，兀若游羲唐。万殊混一理，安复觉彭殇？

大致的意思是：大家共度佳节之际，都忘情地牵扯着衣裳。薄薄的云雾，盖住了明媚的阳光，微微的风儿，吹拂着湖心的帆船。香醇的佳酿陶醉着人的心田，恍惚中如同回到了淳朴的羲唐时代。万物虽殊却混同一个兴衰道理，不然又怎么觉得彭祖活了八百岁还是夭寿者呢？

这两首诗，相较而言，第二首比较值得玩味。

“万殊混一理”，是说世上所有的事物虽然各不相同，但其发展、变化均遵行同一规律。而“安复觉彭殇”一句，更是引发了关于八百岁人生或寿或夭的大讨论。

据《山海经》载，彭祖是颛顼的玄孙，而颛顼是黄帝的曾孙。彭祖的母亲是鬼方氏的女儿，怀孕三年未产，彭祖的父亲陆终便用刀剖开她的左腑窝，从中取出三个儿子，其中之一便是彭祖。彭祖从尧舜时代一直活到周朝，活了八百岁，很让人羡慕。

殷商末年，商纣王为求长寿，还专门派人去向彭祖求教延年益寿的方法。

彭祖说，长寿的方法应该是有的，但你们应该去找长寿的人问啊，我呢，不过是个短命鬼，能有什么方法呢？

什么？您老都七八百岁了，还短命鬼啊？那我们这些才活几十年的，算什么呢？大家都吃惊地张大着嘴巴。

彭祖不管这些人的反应，顾自唠唠叨叨地说，我啊，一岁死了父，三岁丧了母，父母双亡哪，惨啊。好不容易长大了，又赶上了犬戎作乱，为了活命，不得不混迹于西域沙漠一带，时间长达一百多年，现在想想，都不知道是怎么熬过来的。仔细算算，到现在，我一共安葬过四十九个妻子，给五十四个儿子送过终。早年丧父、中年丧妻、老年丧子的人生三大不幸全让我给摊上了，老天不长眼啊！

众人面面相觑，心里说不出是什么滋味，只知道面前这个老头子是得了便宜又卖乖。

彭祖还抖动着他那个不算太干瘪的嘴，絮絮叨叨地进行着诉苦活动，说，唉，经历过这么多伤心事，我的心已经千疮百孔了，而且小时候身子骨就单薄，后来营养不良，现在瘦弱不堪，都快不行了，能有什么延年益寿的方法呢？我还想找个人问问，怎么才能再多活上三五百年呢，老天老天，请让我再活个五百年吧！

就这样，彭祖一边呼唤着老天，一边骑着骆驼踽踽远去了。

由此可见，寿命的长短，是相对而言的，要长到什么程度才能让人满足呢？还是庄子说得好，“方生方死，方死方生”，生和死，长寿和短命，并没有绝对的界限，生即是死，死即是生，只有勘破红尘、淡化生死，遵行宇宙大轮回的规律，才能获得世间的永恒。正所谓“天下莫大于秋毫之末，而泰山为小；莫寿乎殇子，而彭祖为夭。天地与我并生，而万物与我为一”是也。

从这一点上来说，谢安的生死观还是很洒脱的。

谢安有鼻炎，名流却争相仰慕和效仿

兰亭诗之外，还有一件事，也可以充分凸现谢安对于生死的态度。

谢安曾与孙绰、王羲之等人泛舟汪洋，遨游大海，每当风起浪涌，众人十分惊惧不安，谢安却吟啸自若。船夫以为谢安殊无惧意，更驾舟往天际而行，而风浪更大，咆哮沸腾。

谢安仍是一脸的安闲，微笑着问船夫：“你觉得风浪已经这么大了，我们还要不要返还呢？我们还要不要命呢？”

船夫一听，明白了，原来谢安也是害怕的。看来，谢安并非无知无畏，也知道趋吉避凶，珍爱生命，只不过，他的勇气能克服恐惧，他的气度永远从容镇定而已。

谢安虽然纵情于山水，但每次游赏，身边总携带有一大群妓女。时为宰相的司马昱不无艳羡地说：“谢安既能与人同乐，也必能与人

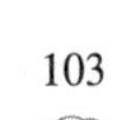

同忧。”

谢安的确是一个可以与朋友同乐同忧的人。

隐居期间，有位同乡在中宿县做官被免，景况凄凉，回乡后，来看望谢安。谢安关切地问：“回乡带回了多少积蓄?”同乡脸色羞涩，答道：“只有蒲葵扇五万把。”谢安便索要了一把，片刻不离，握在手里。喜欢追星的京城士大夫与平民百姓遂争着购买这种蒲葵扇，使得扇价一升再升。同乡顺利卖掉了扇子，渡过了难关。

谢安与王羲之共登冶城，极目四野，神游八极，悠想千古，有高世之志。王羲之突然慨叹说：“夏禹勤于政事，手足磨出老茧；周文王旰食宵衣，连吃饭都无暇顾及。如今朝廷边境战事频繁，执政者应该多思考效忠国家，所谓‘空谈误国’，现在，崇尚清谈的人太多了，恐怕不是好事。”

谢安不以为然地说：“秦任用变法务实的商鞅，二世而亡，难道，这也是清谈造成的祸患吗?”

王羲之顿时无语。

谢安突然有些感伤地说：“中年伤于哀乐，每天与亲友别，都会难过上数日。”

王曰：“快到晚年，自然至此，只好靠丝竹来陶冶性情了，但又担心这音乐会伤害到儿女们的欣乐之趣。”

车武子与谢安、谢石等人在私庭讲习《孝经》，车武子有很多不懂的地方，常常要请教谢安兄弟，请教得多了，自己也烦自己，就悄悄向袁羊诉苦，说：“不向他们兄弟请教，又担心德音有遗；请教得多了，又担心招惹谢家兄弟厌烦。”袁羊一挥手，说：“大可不必有这样的担心。”车武子问：“此话怎讲?”袁羊说：“你什么时候见过明镜因为不断照人而觉得累、清澈的流水害怕被和风吹拂呢?”

名士庾阐写了一篇《扬都赋》，喜滋滋地拿给庾亮看。庾亮因为他是自己同族的关系，极力加以赞扬说：“此赋可以和《二京赋》并列为三，可以和《三都赋》并列为四。”有了庾亮的盛赞，很多人都认定庾阐的《扬都赋》是不世杰作，竞相抄写，致使左思当年作《二京赋》时“洛阳纸贵”的情景重现，建康的纸张也猛地涨价。谢安摇头叹息说：“不应这样，此不过是屋下架屋而已，事事都模仿，未免太贫乏狭隘了！”

支道林、许询、谢安等名士贤达在王蒙家聚会。谢安环顾诸座说：“今日可说是盛会，名士齐集。光阴不可挽留，这样的盛会也难常有，我们大家当共言咏，以写其怀。”许询便向王蒙索求《庄子》，找出《渔父》一篇，由谢安定题目。然后大家各自阐发。支道林先讲，讲了七百多句长篇大论，叙致精丽，才藻奇拔，大家交口称善。接着，四座也都尽情述怀。谢安最后总结，问道：“卿等言尽了否？”大家都说：“今日清谈，无不罄尽胸怀，少不自竭。”谢安于是自设疑题，自己破解，详陈见解，滔滔万言，才峰秀逸，达到他人难以企及的境界，再加上他寓意深远，萧然自得，众人无不心满意足。支道林拍手对谢安说：“君一语直奔佳境，实在妙不可言。”

这之后，袁彦伯写了一部《名士传》，敬请谢安鉴赏。谢安读书展颜，大笑说：“我与诸人谈论的事，都是说着玩玩而已，想不到，您已把这些写成了书！”

谢安有严重的鼻炎，声音低沉浑浊，并不好听，但名流雅士仰慕名士风范，偏偏喜欢效仿他朗诵诗文，为了达到鼻炎的效果，人们不得不用手捏住鼻子以求相近。

后来，这种捏着鼻子的朗诵方式，竟然有了一个专属雅称，叫作“洛下书生”。

谢安就这样被人们追捧和仰慕着。

 谢家的芝兰玉树满庭芳，千载而下，羡煞无数人

谢安在东山隐居期间，兄弟谢奕、谢据、谢万等人的子女都归他

教养。

他善于教育，经常以身作则，循循善诱，将谢家的一群小字辈培养成杰出的人才。

对这一大家子的谢氏儿女，宋朝大词人辛弃疾曾不无羡慕地填词赞叹称：“看爽气朝来三数峰，似谢家子弟，衣冠磊落，相如庭户，车骑雍容。我觉其间，雄深雅健，如对文章太史公。新堤路，问偃湖何日，烟水蒙蒙。”

谢道韫、谢玄姐弟最为出色，最得谢安所爱。

谢安曾问孩子们，说：“子侄们学习好坏跟我有什么相关？为什么我总想着把他们培养成优秀的人才呢?”这个问题挺难回答的。一帮小孩子你看看我，我看看你，不知如何回答。

最后，是谢玄答：“譬如芝兰玉树，欲使其生于阶庭耳。”

谢玄的回答，其实是引申于《荀子·宥坐》中：“夫芷兰生于深林，非以无人而不芳”之句。意即是说叔叔您想让谢氏子弟都要学深林幽谷的芝兰玉树那样隐于自家庭阶之内而又以芬芳自许，表示自己既要为国家干一番事业，又洁身自好，不追逐名利，不依附权贵。

谢安颔首赞同。

谢玄虚荣心强，喜欢佩带紫罗香囊，谢安想帮他改正这一缺点，又不想就此伤害到谢玄那颗幼小的心灵，就通过打赌赢了谢玄的香囊，并当着他的面将之焚毁，以此来教育谢玄：这样浮华的东西其实不过焦炭飞灰，不值得追求。

谢玄也因此戒掉了这一嗜好。

晋武帝司马炎非常喜欢“竹林七贤”之一的山涛，但每次给山涛的赏赐都少得可怜。这是什么原因呢?

谢安曾以此为题，用来考量谢家子弟的理解。

谢玄答得很快，他说：“一方面是被赏赐的人想要的不多，另一方面是赏赐给他的人也不把赏赐的物资当回事儿，所以给的就少了。”

谢安又曾问孩子们最喜欢《诗经》中的哪一句诗，谢玄说："昔我往矣，杨柳依依；今我来思，雨雪霏霏。"谢道韫则答："吉甫作颂，穆如清风。仲山甫永怀，以慰其心。"谢安点点头，说"吉甫作颂，穆如清风"与自己喜欢的"吁谟定命，远猷辰告"都同样包含着高雅人的情致。

隆冬，谢安和孩子们谈诗论文，外面纷纷扬扬地下起了鹅毛大雪，谢安笑呵呵地问："这纷纷扬扬的大雪像什么呢？"

谢朗答道："撒盐空中差可拟。"

谢道韫则说："未若柳絮因风起。"

此语一出，谢安连声叫好。

谢道韫便因这精妙的比喻被称为咏絮之才，跻身于中国古代才女之列。

谢朗是谢据的儿子。

谢据年轻时喜欢上房屋顶熏老鼠，但死得早，谢朗听人家说过熏老鼠的典故，但不知道是自己父亲的杰作，别人蒙他，说只有猪才会做这样的事。谢朗也觉得只有猪才会干这种事，于是经常拿这事来取乐。

谢安听了，哭笑不得，但又不忍心说破，就对谢朗说，干这种事其实也没什么，当年我就曾干过，还是和你爹一起干的。

谢朗一听，悔恨了好久，以后再也不狂妄取笑别人了。

谢安平日接见名士贤达，从不让孩子们回避，并鼓励他们参与讨论。

某次聚会，谢安问名士李充："你伯父平阳和乐令相比，怎么样？"

李充眼睛一下子就红了，说："当年赵王叛逆篡位时，乐令亲自奉献玺绶；我伯父平阳公为人正直，耻于在叛逆的朝廷中做官，仰药自尽。两人恐怕难以相比！"

谢安于是趁机教育孩子们："有识之士的行为总是能与人们的期望

相同。”

谢玄十多岁那年，支道林大和尚来了，适逢谢安不在，就和谢玄对聊，两人唇枪舌剑地聊了一整天，不分高下。

夕阳西下，支道林从谢家出来，路上行人问他怎么回这么晚？支道林余兴未尽地说，和谢玄剧谈了一番，不觉日暮。

对于谢安不愿出山入仕之事，时人无不引为憾事。

谢安的夫人眼看谢氏家族中的谢尚、谢奕、谢万等人一个个都高官显位，只有谢安躲在深山老林过穷日子，也不无遗憾地对谢安说：“夫君难道不应当像他们一样吗？”谢安掩鼻答道：“只怕难免了。”

谢安说这话的时候，是升平二年（358 年），这一年，他那一直疼惜他、爱护他的大哥谢奕死了，是病死的，死在豫州刺史的任上，虽然得朝廷追赠为镇西将军，却永远地离开了人世。

谢安原是一个内心无比强大的人，但再强大的心脏，也有一两处柔弱的地方。

大哥的离世，恰恰就伤及了那一处柔弱的地方。

谢安只觉得天旋地转，整个世界都快要坍塌了。

在给大哥送葬回来的路上，天色已晚，西天的残阳似乎淌着血。

谢安眼泪已经流干，紧绷着脸，两眼空洞无神。

这是谢安从来没有过的狼狈，从来没有过的脆弱，从来没有过的失态。

随从都惊呆了，谁也不敢说话。

以至于赶车的车夫太过紧张，竟然驾驭不好马匹，车子沿路颠簸，摇摇欲坠。

谢安矍然惊醒，飞快地从车厢中拿下车柱，疯了一样敲打着车夫，一反平日遇事不惊、温文尔雅的名士风度，厉声呵斥，让人不寒而栗。

偏偏在这年（升平二年，358 年），桓温又开始张罗北伐了。桓温建议朝廷由谢万接替谢奕的职位，任西中郎将，持节监司、豫、冀、并四州诸军事，兼任豫州刺史。

谢安已经强烈地感觉到，这个从来都不让自己省心的四弟谢万根本就不是大将之才，由他外镇，凶多吉少。

好友王羲之也有这个担心，写信给桓温，说“谢万才流经通，处廊庙，参讽议，故是后来一器。而今屈其迈往之气，以俯顺荒余，近是违才易务矣”。直言以谢万出镇豫州的举措是违才易务，劝桓温收回成命。桓温没有理会。

王羲之又写信给谢万，劝他在北伐行动中务必要与士卒们同甘共苦。

谢安料想谢万也不会听从王羲之的建议，决定亲到谢万的军营，代替他慰问和勉励将士。

到了军营，果然看到谢万矜豪傲物，日日啸咏自高，从没抚恤过将士。

谢安一面以谢万的名义与军中将士推心置腹地交谈，一面劝谢万多抽时间和将士们搞好关系，拉拢人心，不必端这副臭架子、摆这么高的姿态。

谢安苦口婆心地说：“汝为元帅，诸将宜数接对，以悦其心，岂有傲诞若斯而能济事也!”

谢万总算听了三哥的劝，但等众将聚集齐了，又自无话可说，冷场了好大一会儿，只是用手里的铁如意指着众将说：“诸将皆劲卒。”

这下没救了。

把将帅称作兵卒，这不是埋汰人吗?

之前，谢万的大哥谢奕也曾戏谑桓温是老卒，但桓温雅量，而且和谢奕是好朋友，并不介意。

现在谢万军中的众将帅既不是桓温，也没有桓温的雅量，平日和谢万的关系也不好，听了谢万的话，无不怒火冲天、愤恨不已。

谢万与军中的将士关系既僵，还喜欢睡懒觉，军务荒废，谢安看得焦心如焚，天天到屏风后呼四弟起床。

升平三年（359 年），谢万与北中郎将郗昙兵分两路，北伐前燕。一开始还算好，谢万安排和布置军务井井有条，他命征虏将军刘建修治马头城池，增强后防，自己率军入涡颍，打算往洛阳支援郗昙。哪料，郗昙忽然患重疾，无奈退兵彭城。谢万不明就里，以为郗昙是兵败而退，心理素质差，难于承受，哇的一声大叫，自己吓自己，仓促退兵。士卒以为敌军杀来，自行溃败，豫州治下许昌、颍川、谯郡、沛郡等郡县不战自乱，尽皆陷落前燕之手。

谢万不战自溃，桓温又气又恼，将之废为庶人。

谢万羞惭无限，给王羲之写信检讨，里面提到了一个词："惭负宿顾"，意思是："我很惭愧，辜负了阁下长久以来的关怀照顾。"王羲之睹之失笑，认为谢万傲气仍在，并没有真正认识到错误，对身边的人说道："这个词，是夏禹、商汤等先圣贤王用来警诫自己的专属。"

也正因如此，谢安以后再向谢玄等子侄称赞谢万，那些小辈都不信服。

某次，谢安说："中郎（即谢万）是千载以来独一无二呢。"谢玄摇头说道："中郎衿抱未虚，胸怀不够开阔，怎能算是独一无二呢？"

不久，升平五年（361 年），谢万病逝，年仅四十二岁。

"安石不出，将如苍生何"？为了苍生，谢安终于出山了

谢安的哥哥谢奕已经病死，谢万在北伐失败后被废为庶人，谢安再不出山，谢氏家族的权势就会像流水一样流逝了。

晋升平四年（360 年），谢安毅然出山，此年，他已经四十多岁了。

此事传出，朝野震动，成了特大号新闻。

他最先是到征西大将军桓温的帐下任司马。

在他动身前往江陵的时候，许多朝臣都赶来相送，两岸人海如潮，

百姓都来争睹大名士风采。

中丞高崧戏谑他说："卿屡次违背朝廷旨意，高卧东山，人们时常说：'安石不肯出，将如苍生何！'如今安石已出，苍生又将如卿何！"谢安听了，面有愧色。

谢安刚刚拜见桓温，正好有人送给桓温草药，中有远志一味。

桓温见物起意，问谢安说："此味药亦称为小草，为何一物有两种称呼？"

谢安沉吟不语。

侍坐在旁的另一位名士郝隆语带双关地说："这个容易解释，隐在山中名叫远志，出来就叫小草。"

谢安听了，知郝隆在讥讽自己素有隐东山谋远志的名声，最终出仕不过一个小小的司马。

其实，郝隆也就一酸文人，他任桓温南蛮校尉府的参军。他曾在三月三日的诗会上写不出诗，被罚喝三升酒。他喝完酒，灵感这才来，却只写得一句："娵隅跃清池。"大家都读不懂，傻了眼。桓温问他："娵隅是什么？"郝隆回答说："南蛮称鱼为娵隅。"桓温说："写诗为何用蛮语？"郝隆自嘲说："我从千里之外来投奔，不过得南蛮校尉府的参军一职，哪能不说蛮语呢？"

所以，谢安只是淡淡一笑，不以为意。

而桓温得了谢安也显得十分得意，安置好谢安，顾盼自雄地对手下人说道："你等此前见过这样的客人吗？"

谢安在江陵住下，桓温还专门去谢安的住处，看看他住不住得惯。

谢安原本在房内慢条斯理地整理头发，知道桓温来了，赶紧使侍从取头巾。桓温制止道："让司马戴好帽子再相见。"对谢安的器重和敬爱乃是非同寻常。

即使如此，谢安和桓温终究不是同一条道的人。

桓温原本打算出兵北伐、立功河朔，然后返江东受九锡，再取代

晋室。

哪料到，竟然是完败而归，一张老脸羞惭得无处搁置。

心腹郗超建议说：“您身居重位，将天下重责集一身。若不能行废立大事，做商伊尹和汉霍光的举动，不足镇压四海，震服宇内，敬请深思。”

桓温因此定下了废立之事，于晋太和六年（371 年）十一月，以晋帝司马奕阳痿而不能生育子嗣为由，逼崇德太后褚蒜子下诏废司马奕为东海王，改立晋元帝的幼子司马昱为帝，是为简文帝。

简文帝即位这年，已经五十一岁了，上台后，不到一年便因受制于桓温而忧愤病倒。

趁这当口，桓温上疏举荐谢安接受遗诏。

桓温以为，简文帝会做人，会禅让帝位给自己。

简文帝辞世，但迫于桓温的权势，群臣尚不敢马上拥立太子司马曜为新帝，是谢安和王彪之等人拍板，拥立了年幼的司马曜为帝，是为孝武帝。

桓温读了简文帝遗诏，愿望落空，勃然大怒，认定是王坦之、谢安等人从中捣鬼，宁康元年（373 年）入京，说是要祭奠简文帝。

人们都说，桓温这是要杀王坦之、谢安来了，晋室的天下要转落他人之手了。

王坦之吓得魂飞魄散，谢安却泰然自若。

桓温到来，百官在新亭迎接。

谢安抓紧王坦之的手，鼓励他说：“晋祚存亡，在此一行。”

桓温在新亭大陈兵卫，百官拜于道侧。

王坦之流汗沾衣，连手中的朝板拿颠倒了都不知道。

谢安气定神闲，口里高声吟诵嵇康的“浩浩洪流”诗句，从容就席，并不冷不热地问了桓温一句：“谢安听说诸侯有道，守在四邻。明公您何须在周围安排这么多张弓露刃的甲士呢！”

俗话说，邪不胜正，在谢安强大的气场下，桓温立时矮了一头，悻悻地笑道："现状使我不得不这样！"

谢安与之笑谈良久，神色不变。

桓温有些悻悻然，拿起谢安写给简文帝的谥议展示给诸将观看，说："此即为安石碎金也。"

桓温在建康停留了十四天，始终没敢对二人下手，因旧疾复发，率军返回了姑孰。

即使返回了姑孰，病情并没有好转，桓温于是不停派人示意朝廷给他加九锡，想在临死前过一把皇帝瘾。

谢安、王坦之两人没有直接回绝，命袁宏起草为桓温加九锡的诏命。

袁宏写好了，王坦之一旁说："卿文采斐然，但这道诏书，怎么可以让其面世！"谢安则什么也没有说，只是抬笔埋头修改，这一改，改了十多天还未改好。

袁宏觉得，以谢安的文采，修改的效率不至于这么低，就傻乎乎地问王坦之，这到底是怎么回事儿？

王坦之只得坦诚相告，说："桓温的身体一天不如一天，挺不了多久，九锡之诏，能拖就拖。"

在谢安等人镇定从容的应对之下，桓温终于等不到九锡了，此年宁康元年（373 年）七月乙亥日，病死姑孰，时年六十二。

可以说，孝武帝虽然年幼力弱，但有谢安与王坦之这样的能臣竭尽忠诚辅佐护卫，终使晋室渡过了难关。

桓温死后两个月，谢安升任尚书仆射，总领吏部事务，加后将军，与尚书令王彪之一起执掌朝政。

第六章　十六国风云

东晋皇帝为何被讥为“白版天子”？传国玉玺丢失，现已无踪

秦始皇统一六国后，曾用蓝田山美玉制成玉玺，上刻丞相李斯以大篆书写的“受命于天，既寿永昌”八字，称为传国玺。玉玺制成不久，秦始皇南巡行至洞庭湖，遇风浪，御舟有被掀翻之险。秦始皇迷信，命人把玉玺抛入湖中，祀神镇浪。

想想看，湖深千尺，且泥沙厚积，玺已入湖，谁能再寻？

所以，我可以很明确地回答“受命于天，既寿永昌”的传国玉玺，就在洞庭湖底某一个地方。

不过，传国玉玺的故事也未就此结束。

因为，南巡结束，回到咸阳，秦始皇又命人重新刻制了一枚。

为了维护自己的神授大权形象，秦始皇编造出一段鬼话，说八年后，车驾出巡道华阴平舒道，有人拿着玉玺站在道中，对秦始皇的侍从说："请将此玺还给祖龙（秦始皇代称）。"言毕不见踪影。

这枚传国玉玺在秦亡后，由亡国之君子婴交到刘邦手中。

西汉末年，王莽觊觎兵权，逼迫王太后交出玉玺。王太后气不过，将玉玺摔于地上，玉玺一角被摔坏。王莽拾起，后命人用黄金将缺角给补上。这枚传国玉玺因此有了第一道"防伪标志"——黄金角。

传国玉玺的第二道"防伪标志"是曹丕弄上去的。

公元220年，曹丕逼汉献帝禅位，认为曹家应该是传国玉玺的最终归宿，并命人在玉玺左肩部刻下隶字"大魏受汉传国玺"。

哪料，魏为晋篡，玉玺随即落入司马氏之手。

西晋国祚同样不长，八王乱起，永嘉起祸，玉玺先后为刘聪、石勒等人所得。

石勒建立后赵，心态和曹丕一样，命人在玉玺右肩部加刻了"天命石氏"字样。

这是传国玉玺的第三道"防伪标志"。

玉玺落在胡人之手，东晋皇帝被民间讥称为"白版天子"。

冉魏灭掉后赵，冉闵命人将传国玉玺奉还东晋首都建康。

东晋灭，进入南北朝，宋代晋、齐代宋、梁代齐，玉玺最后传到了梁武帝萧衍的手里。

南梁末期发生了侯景之乱，玉玺被一个叫郭元建的人拿走，献给了北齐朝廷。

北周灭北齐，隋篡北周，李唐代隋，朱温篡位，后唐灭梁，玉玺归后唐统治者所有。

公元937年，后唐河东节度使石敬瑭以出卖燕云十六州为条件，引契丹军攻洛阳。

后唐末帝李从珂悲愤之下，怀抱着传国玉玺登上玄武楼自焚。

照理说，玉玺是不会被大火烧毁的，但大火被扑灭后，人们怎么也找不到玉玺。

也就是说，玉玺从此人间蒸发，不再现世。

这之后的后晋、后周、宋、元、明、清皇帝所持玉玺，全是另外刻制的。

特别要提到的是，明崇祯八年（后金天聪九年，1635 年），后金多尔衮等四贝勒远征察哈尔，奉还了一件宝物，说是秦始皇所制传国玉玺。

当时，多尔衮用快马发回奏章称：“天锡至宝，此一统万年之瑞也！”

后金汗廷一下子乐开了，人人欢欣鼓舞。

文馆汉官鲍承先上奏，“大宝呈祥，天赐玉玺，乃非常之吉兆也”，建议皇太极择吉郊迎，以此玺钤行敕谕，“颁行满汉蒙古，俾远近闻知，咸识天命之攸归”。

皇太极点头赞同，传谕左右说：“此玉玺乃历代帝王所用之宝，天以畀朕，信非偶然也！”

诸后金大小臣工、明朝降臣降将，纷纷阿谀奉承。

孔有德说：“自古受命之主必有受命之符，昔文王时凤凰鸣于岐山，今皇上得传国宝玺，二兆略同。”

耿仲明上疏：“天赐宝玺，可见天心之默佑矣。唯愿早正大统，以慰臣民之望。”

……

这样，皇太极钤用此宝，大大方方地去汗称帝，改国号为大清，定年号为崇德，以天子自居。

其实，皇太极所得玉玺来历不明，并无史书所载的三道防伪标志，绝非昔年秦始皇所制传国玉玺！

正因如此，清自乾隆以下诸帝，一直都在秘密寻访那枚被赋予皇权神授、正统合法的信物传国玉玺，但终无所获。

1924年11月，冯玉祥等人驱逐末代皇帝溥仪出紫禁城，警察总监张壁和鹿钟磷等人曾在宫中进行过仔仔细细的搜索，并没找到具备三道防伪标志的秦始皇所制玉玺。

因此，可以下结论，具备三道防伪标志的玉玺确是毁于后唐末帝李从珂之手。

此开国皇帝武力无双，醉酒上战场，出现滑稽一幕

晋太宁二年（324年）正月，前赵解决了自己西面的对手；后赵吞并了自己东面敌对势力的地盘，彼此都消除了后顾之忧，开始一争高下。

最先发起攻击的是后赵。

在后赵皇帝石勒的授意下，后赵司州刺史石生昂然进攻前赵新安（今河南省新安县），斩杀前赵河南太守尹平，掠前赵五千余户而还。

大战由此揭开序幕，双方大打出手，日相攻略，河东郡、弘农郡之间，生灵涂炭，民不聊生。

战事不断升级。

战争的高潮发生在咸和三年（328年）。

这年八月，前赵皇帝刘曜与后赵大将石虎在蒲阪（今山西省永济市）展开交锋，大获全胜，后赵军尸体枕藉达二百多里，石虎在亲将死护下逃入朝歌（今河南省淇县）。

刘曜乘胜追击，自大阳（今山西省平陆县西南）南渡黄河，直扑洛阳，将后赵司州刺史石生围在金墉城里面，又分遣诸将攻略汲郡、河内的土地，迫降了后赵安置在这儿的两名太守。

后赵皇帝石勒大为震怒，决定御驾亲征，与刘曜一决生死。

他命令大将石堪、石聪和豫州刺史桃豹等各自统领现有士众会聚荥

阳，并派人催促龟缩在朝歌的石虎进军占据石门，自己亲率步骑四万赶赴金墉。

时至隆冬，连日大雪，黄河两岸寒风阵阵，河水因风结起浮冰，急剧冲往下游，船只若在这种情况下过河，非被冰块砸碎不可。

石勒到了延津渡口，急得团团战，凄厉长呼："天亡我也！"

哪料，天气忽然好转，艳阳高照，浮冰消融，河水哗哗欢歌。

石勒又惊又喜，几乎要从马鞍上蹦起，大叫："此上天助我也！"

回头对众将说："从今而后，此地改名为灵昌津！"

过了黄河，虎牢关赫然在望。

石勒又有了新的担忧，对狗头军师徐光说："刘曜若能以重兵据守虎牢关，便是个天才；若以洛水为屏障抵御我军，只能算是庸才；若只是坐守洛阳，就是个十足的蠢材，必被我所擒！"

事实证明，刘曜就是石勒口中的蠢材，他不仅只坐守洛阳，而且不设一兵一卒在关上据守。石勒又乐翻了，举手加额，喃喃自语："这就是天意啊！"

石勒历时六昼夜，自襄国到虎牢，全程一千多里，没有受到任何阻挠，非常顺利地在十二月初一抵达虎牢，会齐步兵六万人、骑兵二万七千人。

刘曜围攻金墉城三个多月，屡攻不下，狠劲一上，就跟金墉城里的石生铆上了，每天喝酒，酒后挥军狂攻，完全忘记孤军长袭的危险，直到巡察兵报告后赵的援军已经渡过了黄河，他这才从醉乡中惊醒，有心想派人到虎牢增兵构筑防线，但人家不但过了虎牢，还过了洛水。

刘曜一身浓酒变成冷汗涌出，下令解除对金墉的围困，全力对付石勒。

十二月初五，决定两国命运的大战打响。

进入洛阳城的石勒命石虎步兵三万自洛阳城北往西攻刘曜中军，命石堪、石聪等各率精骑八千从西明门出城向北进攻，打击刘曜前锋；自己则亲率大军由西明门北边的阊阖门出击，配合石堪等夹击刘曜。

刘曜本来以酒壮胆，哪料喝得嘴顺，竟连喝了好几斗，听到战鼓如雷，呼声犹如山崩，便踉跄着醉步，准备跨上骑乘多年的汗血宝马。

哪料这头畜生闻到浓郁的酒气，似乎意识到前景不妙，一头扑倒在地，无论怎么打骂都不肯起。

刘曜恼恨交加，却无暇发作，匆匆换了一匹小马，提刀上阵。

西阳门的后赵将领石堪没等刘曜列好阵形，挥军猛击，一下子就把刘曜的部队冲散了。

刘曜昏醉中策马回奔。

奈何小马力弱，冰地又滑，根本走不快，没几步，就马失前蹄，将刘曜摔了个跟头，重重栽在冰地上。

后赵军看见敌国的皇帝倒地，众口同声，齐发欢呼，蜂拥而来。

就这样，刘曜被后赵军士像捉小鸡一样捉起来了。

前阵军士远远见了，无心再战，一哄而散。

杀人狂魔石勒纵兵追杀，斩首五万余级，酣畅而归。

刘曜和石勒原是刘渊的左膀右臂，他们自攻陷了洛阳后，一别就是十八年。

此番见面，阶下囚刘曜仰视胜利者石勒，弱弱问道："石王！忆重门之盟否？"

当年，他们合兵攻打洛阳时，曾在重门（今河南省辉县西北二十里）立下盟约：谁功业有成，则不忘提携对方；即便以后反目了，也互不伤害对方。

石勒没有忘记这个盟约，但不打算践行，他狞笑着说："今日之事，乃是上天使然，天意不可违。"命人斩杀刘曜。

行刑前，有白须老者上礼石勒，求见刘曜一面。

老者给刘曜带来了一壶酒，边斟边唱起歌儿来：

仆谷王，关右称帝皇。

当持重，保土疆。

轻用兵，败洛阳。

祚运穷，天所亡。

开大分，持一觞。

刘曜听着老者的歌，虎目落泪，强作笑颜，接过酒觞，说：“唱得真有道理，值得我痛饮此杯！”接过酒，连同落下的泪，一饮而尽。

刘曜死后，石生、石虎率大军杀入关中，擒杀刘熙，干净漂亮地消灭了前赵。

这个皇帝喜欢在朝臣面前秀父爱，结果悲催了

后赵武帝石虎是后赵明帝石勒的堂侄，早年跟随石勒征战沙场，杀伐四方，见证了西晋王朝灭亡的全过程。

石勒死后，石虎通过篡位的方式从石勒的儿子石弘那夺取了帝位。

登上了帝位的石虎喜爱享乐，每天好酒好菜，养得又白又胖，连走路都困难。

既然走路都困难，就更加懒得行动了，干脆立儿子石邃为太子，把政事推给太子处理，自己沉迷于玩乐享受。

石虎非常宠爱太子石邃，经常当着文武大臣的面，搂着这个长得比自己还高还壮的儿子，大秀父爱。

每当这个时候，石虎就会感慨万分地对群臣说：“朕就是想不通，为什么西晋司马氏父子兄弟要自相残杀，他们真傻啊，要不是他们自相残杀，朕又怎么会有在中原称帝的机会？你们都瞧瞧，像朕这样父子相亲相爱，是绝对做不出那种骨肉相残的兽行来的！”

石虎是如此地夸耀自己父子情深，但太子石邃存心要打父亲石虎的

脸似的，总是变戏法一样弄出许多要点燃石虎怒火的事，不断地考验着石虎的忍耐力。

石虎喜欢和年轻美貌的女子作乐。

石邃也一样，疯狂地寻找更年轻、更美貌的女子作乐。

在石虎看来，这并不是什么不得了的事情。

但石邃作乐以后，会将这些女子杀死，割下她们的脑袋，将断颈和脸上的鲜血冲洗干净，端端正正地摆放在盘子上，邀请左右近臣一同欣赏。

石虎信佛，对僧尼非常虔诚、尊敬。

石邃就大量搜捕年轻俊俏的尼姑入宫，将她们凌辱过后一一杀死，剁成肉酱倒进大锅中煮熟分给属下，让他们品尝人肉的滋味。

长此以往，石虎也觉得这个儿子做出这些事，相当不靠谱，有点怀疑儿子处理政事的能力，便交代儿子决断政事时要向自己请示。

石邃很不配合，就专门选择在石虎行欢作乐时前来请示，而且请示的都是些鸡毛蒜皮的小事。

一来二去，搞得石虎很败兴，但为了不让外人笑话，还得强忍着怒气，做出心平气和状，说："无关紧要的小事情，就用不着请示了。"

得了石虎这句话，石邃从此就再也不向石虎做任何请示了。

石虎命人将石邃找来，喘着粗气，尽量压低嗓门问："跟你说过的，决断政事必须要向朕请示，你到底听进去没有？"

石邃一梗脖子，说："全都是些无关紧要的小事，请啥示？"

石虎再也忍不下去了，大吼一声："真是目无尊长！"抡起大棍子朝石邃狂殴过去。

石邃身手远比肥胖的父亲灵巧，一下子躲开了，回到太子宫，气呼呼地对属下说："我要像冒顿单于杀父一样杀掉他！"

这个皇帝很疼爱自己的孩子，不断在朝臣面前秀恩爱，结果悲催了。

杀父诛君是弥天大罪，近臣们无人敢作声，扑通扑通地全跪伏在地，

不断磕头。

石邃见大家不吱声，也意识到杀父事态比较严重，想了想，转而提议杀弟弟石宣。

原来，石虎认为西晋司马氏的子弟冷血、缺乏人性，所以会自相残杀。他就对自己的儿子大肆倾注爱意，希望养出浓浓的父子亲情来。除了宠爱石邃，立石邃为太子，也同样很宠爱其他儿子，特别是河间公石宣和乐安公石韬。

为此，石邃醋意大作，早就恨不得手刃了这两个弟弟。

这天，石邃借着酒意，扬言去杀石宣。

但仍是无人响应。

石邃也知道单靠自己成不了事，发了一阵酒疯，就睡了。

石邃这一闹，他的母亲郑皇后吓得不轻，派贴身宫女前来看望。

石邃看宫女来了，正好泄愤，跳起来将宫女杀死了。

石虎还不知道石邃要杀父杀兄弟的事，用大棍打了石邃后，觉得自己的行为太掉份了，太有损以前的“慈父”形象了，便派宫内的女官前去探视慰问石邃。

石邃杀了母亲派来的宫女，剑上的血还没擦拭干净，看父亲的女官来了，反手又是一剑，把女官砍死。

石虎又惊又怒，派人细查，很快知道了事情的经过。

石虎大为震怒，一拍龙案，宣布废石邃为庶人。

可是，石虎的熊熊怒火根本浇不灭，最终一口恶气没法咽下，派兵士杀入东宫，将石邃、太子妃妾以及石邃的儿女共二十六人全部杀死，将尸体塞入一个大木棺材里找个肮脏地方胡乱埋了。又诛杀东宫宫臣、近侍二百多人，废石邃的母亲为东海太妃。

杀了石邃，石虎立刻把另外一个儿子石宣立为太子。

石宣其实比石邃更加凶残暴烈。

石宣曾在漳水边大兴台阁，让民夫在风雪中劳作，冻死累死了数万人，他却视若无睹。

石宣酷爱打猎，当上太子后，乘在高大的辇车上，竖起天子旌旗，率领着十八万士卒出城围猎。石虎从后宫陵霄观遥看石宣队伍的威势，欢呼拍掌说：“我家父子威风如此，如果天不崩、地不陷，则石家的江山将会千千万万代，世间还有什么能让我忧虑的事呢？我只管放心享乐就是了。”

石宣打猎有这样的威势，石虎希望另一个儿子乐安公石韬也有这样的威势，拨了十万大军给石韬，让他从并州到秦州、雍州打猎。

石宣顿时感觉到了石韬对自己构成的威胁，就派人暗杀石韬，把石韬的四肢砍掉、双眼剜空、肚子捣烂。

为了早登帝位，石宣还打算在石韬的丧礼上收拾石虎。

幸亏石虎的耳目众多，提前得到了消息。

石虎原本是个残暴之人，但得到消息那一刻，竟然全身直打战，牙齿直冒凉气。

石韬是石宣同父同母的弟弟，他竟然施此毒手，可知其毫无人性！

甚至，其还要欺天杀父，真是天理不容！

石虎一怒之下，命人用铁环穿过石宣腮帮，用大铁锁锁紧四肢，关进猪圈，用猪食来喂养。

折磨了一段时间后，石虎还是觉得不杀此孽子，难消恨气，于是让人在邺城城北埋起柴堆，上面设置了木杆、杆上安装了辘轳，将石宣绞吊起来，用石宣杀死石韬的方式，砍掉石宣的四肢、剜空他的双眼、剖开腹部，揪出里面的肠脏，一寸寸割断，再捣烂整个肚子。等石宣奄奄一息时，再在柴堆四处点火，把石宣烧成灰烬。

这样还不够！

石虎再下令把灰烬分散到名门道中，任千人踩、万人踏。

事情还没完。

石虎又命人将石宣的妻、子九人杀死，又把石宣的卫士、宦官等数

百人车裂，将尸体投进漳河。东宫十万多卫士则全部贬谪成卫凉州。并将石宣、石韬的生母杜氏废为庶人。

处理完这些，石虎才缓过气来。但也大受刺激，就此病倒，再也不提关于自己父子情深的话了。

此人武艺超群，无人能敌，憾死于连环马阵

冉闵，字永曾，小名棘奴。其父冉瞻，魏郡内黄（今河南内黄西北）人，因不堪刘渊、石勒之类的匈奴人、羯人杀戮抢掠，八九岁投入并州刺史司马腾所率领下逃难求食的“乞活军”中。

永嘉四年（310年）七月，石勒于河内大破乞活军，俘虏了很多乞活军军将，其中就有年方十二岁的少年勇将冉瞻。

石勒爱其年少骁勇，命侄儿石虎收养其为义子。

冉瞻打仗勇猛，攻战无前，在石虎帐下屡建奇功，历位左积射将军、西华侯。

咸和三年（328年）七月，石虎率后赵大军与前赵军交战，被刘曜打败，冉瞻战死于乱军之中。

石虎心伤爱将，视冉闵如同亲孙。

冉闵年稍长，身长八尺，骑朱龙赤马，左手使双刃矛，右手使钩戟，其谋略、果断、勇气非但远胜其父，武力指数更称得上两晋年间第一人。

石勒死，石虎篡夺了侄儿的帝位。

石虎取笑司马氏宗王之间因出现了“八王之乱”而致丧失天下，而他的儿孙们后来也轰轰烈烈地上演了一出属于他们的石氏版“八王之乱”，参演主角有后来继位的石世，以及石遵、石斌、石冲、石衍、石鉴、石苞、石祗七个宗王，一个不多，一个不少，刚好也是八个。

八个宗王之间，这个杀了那个，另一个又杀这个，杀得很热闹，被卷进来的大臣、将领、士兵，还有无辜平民，死伤无数，血流成渠。

冉闵，就在这些纷乱中崛起。

石遵要废石世而自为帝，遍视朝中文武，最为强悍武勇者为冉闵，为了得到冉闵的支持，就以自己膝下无子为由，哄骗冉闵说："事成后，太子由你来做。"可真等到他登基了，却食言自肥，立了侄子石衍为太子。

因为忌惮冉闵，石遵还召集了义阳王石鉴、东平王石苞、汝阴王石琨、淮南王石昭等人密谋除掉冉闵。

为求自保，冉闵先下手将石遵废了，推举石鉴为帝。

但石鉴跟石遵一样，都是善于反噬的白眼狼，他暗中指使东平王石苞、中书令李松等率军夜攻冉闵。

此后，中领军石成、侍中石启、前河东太守石晖、龙骧将军孙伏都、刘铢等人也纷纷加入诛杀冉闵的队伍中来。

冉闵将这些人一一挫败，杀了石鉴并石虎的子孙三十八人，邺城里所余的石氏一族尽数被诛。

非但如此，冉闵还颁布了一道指令，宣布：汉人斩一个胡人首级送到凤阳门的，凡文官进位三等，武职都任牙门。

结果一天之内，数万胡人的人头滚滚落地。

冉闵亲自率领汉人诛灭匈奴人和羯人，死者达二十余万！

既已决心斩尽胡人，原后赵司徒申钟、司空郎闿等四十八人尊冉闵为帝。

冉闵遂于永和六年（350 年）正月称帝，大赦天下囚犯，改年号为永兴，国号大魏，史称冉魏。

石氏仅余的一脉，即据守在襄国的石祗。

石祗听说石鉴已死，便就地即赵皇帝位。

六夷胡人因冉闵大肆杀胡，纷纷响应石祗政权，接受他的封号，汇合起十万大军进攻邺城。

冉闵率军于邯郸迎击，大获全胜，斩杀万余羯胡士兵。

石祗恼羞成怒，派后赵大将张贺度在昌城再集结十万余人拟再次大举进攻邺城。

冉闵闻报，先命王泰等三大将率步骑十二万于黄城屯扎，自己亲统八万精卒为后继，直扑昌城。

苍亭一战，斩杀后赵军近三万人。

冉闵振旅而还，军力三十余万人，旌旗钟鼓绵亘百余里，即使石勒、石虎两朝全盛时均未有这等壮观。

但目睹匈奴刘氏和羯胡石氏兴亡全过程的陇西名士辛谧提出了自己的忧虑，写信恳劝冉闵，说道："物极必反，致至则危。君王功已成矣，宜因兹大捷，归身晋朝，必有由、夷之廉（许由、伯夷的廉明），享松、乔之寿（赤松子、王子乔的高寿）。"

冉闵在战场上所向无敌，目空一切，哪里听得别人的劝告？

这年年底，他又亲率步骑十万进攻襄国，与石祗反复交锋。

石祗饱受摧残，心寒胆裂，自去皇帝之号，称赵王，派人潜往鲜卑慕容燕国那里乞师，许诺以传国玉玺相赠。同时，又派人去羌人姚弋仲处求援。

姚弋仲很快发来二万八千兵救援，燕王慕容儁也派了三万兵来助。

冉闵在胡、羌、鲜卑三方夹击下，腹背受敌，很快崩溃，迎来了他人生中的第一次惨败，狼狈不堪地奔还邺城。

所谓此消彼长，冉闵的三十万大军已经溃散，石祗气焰顿嚣，命其大将刘显将兵七万扑向邺城。

冉闵虽然兵微将寡，但左手持双刃矛，右手持钩戟，骑朱龙赤马，一马当先，展开绝地反击，杀敌三万余，把刘显逐杀至阳平。

刘显穷途末路，秘密派人请降，自称愿回襄国杀石祗谢罪。

冉闵应允，放了他一条生路。

刘显逃回襄国，果然带兵杀了赵王石祗及其宗室、高官十余人，将首级送往邺城。

冉闵大喜，下诏封刘显为上大将军、大单于。

但是，刘显并不甘愿屈居人下，他据襄国称王，发兵急攻冉闵辖下的常山。

冉闵勃然大怒，亲率八千精骑驰援常山，打得刘显满地找牙。

刘显哭着喊着逃回襄国。

冉闵出手不留情，撵着他的屁股打，追入襄国，将刘显斩落马下，并将石勒苦心经营了半生的襄国宫室付之一炬，方才长笑而还。

因冉闵自立国来与羌胡相攻，无月不战，民众无法耕种，国用物资渐渐坐吃山空。

鲜卑燕王慕容儁侦知冉魏乏粮，认为进取中原的机会来了，于东晋永和八年（352 年）五月以慕容霸统率东路军、慕舆于统领西路军，自己亲率中路军，分三路南下。

慕容儁来势凶猛，连克幽州、蓟州，听说冉闵在常山一带就粮，遂派慕容恪率军前去进攻。

冉闵的大将军董闰和车骑将军张温看见燕军势大，谏劝说："鲜卑连下幽、蓟，气势正盛，且彼众我寡，不如先避其锋锐，等其懈怠，再增兵与之相较!"

冉闵摇头道："我正要收复幽州，斩杀慕容儁，现在才遇上慕容恪，就走而避之，还说什么取天下?"下令全军向燕军开进。

冉闵先在安喜（今河北省定州市）列出阵势。

慕容恪大军逼近，看见冉魏军数量虽少，却是杀气冲天。

慕容恪思量再三，不敢发起攻击。

冉闵看燕军不敢出战，便引军往常山方向转移。

慕容恪硬起头皮，麾兵进击。

双方于廉台展开了一场惊风雨、泣鬼神的恶战。

这一战，燕军数倍于魏军，且多为骑兵，却连战十场，均败在冉闵所率的步卒之下。

战到后来，燕兵人人危慄，看到魏兵即走。

慕容恪乃慕容皝第四子，被后世誉为十六国第一名将，他见冉魏军队凶悍，就想了一计，命人用铁锁将战马连接起来，挑选了五千名善射的鲜卑勇士，列成方阵前进，目的是困死冉闵。

冉闵乘坐在朱龙赤马上，左手挥舞着双刃矛，右手猛抡钩戟，在战阵中左冲右突，所向披靡。但胯下朱龙赤马征战良久，力尽倒毙，致使冉闵摔落被擒。

慕容恪缚送至蓟城（今天津蓟州区）。

慕容儁以胜利者的姿态斥问道：“你不过奴仆下人，为何妄自称作天子?”

冉闵冷笑道：“天下大乱，你等夷狄之族，人面兽心，尚且意欲篡位谋反。我乃中土英雄，何为不可做帝王!”

慕容儁恼羞成怒，将冉闵鞭三百，送至龙城（今辽宁朝阳）遏径山处斩。

冉闵所建魏国，立国仅三年，宣告灭亡。

这个暴君首次做媒，哪知被做媒的双方是兄妹

苻生是前秦的第三任帝王、开国皇帝苻洪的孙子、第二任皇帝苻健的第三个儿子，天生独眼。

由于当时流传着“三羊五眼”的谶文，苻健临终前考虑再三，把帝位传给了这个独眼儿子。

可以说，是独眼龙的身份给苻生带来了好运，如果不是这个身份，帝位就不可能传给他。

苻生自小贪玩，不学无术，除了有一身蛮力，什么也不会。

苻生很厌恶自己是独眼龙的身份。

如果谁不小心说他是独眼，即使那人是天王老子，他都会跳起来跟

那人拼命。

曾经，祖父苻洪在他很小的时候逗他玩，说："我听说独眼龙啼哭的时候，瞎了的眼睛不会流眼泪，是真的吗？"

苻生一听，青筋暴起，火冒三丈，但年幼体弱，无法跟祖父相拼，就找来一把短刀，恶狠狠地朝那只瞎眼捅去，指着里面汩汩流出的鲜血，狰狞可怖地号叫道："谁说没有眼泪？看，这不是眼泪吗？"

饶是苻洪英雄一世，也被吓了一大跳，知道这个孩子惹不得。

苻生长大后，力大无穷，能徒手把猛兽摔死。前秦与晋军开战，苻生像虎入羊群一样闯入晋军的阵地，来来回回斩将夺旗十余次，无人能敌。

在战场上，苻生大肆杀人，心理上得到了极大的满足。

当上皇帝后，不能再上战场了，苻生便通过杀臣下以获得快感。

苻生登上帝位的当日，就兴冲冲地要改年号，并尊母亲强氏为皇太后，立妻子梁氏为皇后。

右仆射段纯对他说："先帝刚刚咽气，不应该马上改元。"

苻生独眼一瞪，大吼了一声，杀！把段纯斩立决。

前秦大将强怀在前线作战捐躯了，苻生却没有任何表示。

强怀的妻子就守在苻生游玩的路旁请封。

苻生像被点燃的炮仗，怒吼道："封赏不封赏得看我的心情，怎么是你可以妄求得到的？"他拉开大弓，把箭抵在强怀妻子的脑袋上，释弦将强怀妻子射死。

前秦的中书监胡文、中书令王鱼入奏，说天象示警，国有大丧，大臣戮死，只有君主修德养国，国家才可以躲过这一劫难。

苻生仰天大笑，说："既然是老天降下的劫难，哪能躲得了的？大丧之变，就应在皇后身上；至于大臣戮死，那就更加容易了。只要杀了朝中重臣，也就顺应天警了。"

当天，苻生就提着宝剑亲手把自己的妻子梁皇后砍死了。

接着，又不由分说，传令斩杀了朝中大臣太傅毛贵、车骑将军梁楞、左仆射梁安等人。

苻生杀人杀上瘾了，又杀了丞相雷弱儿，并把他的九个儿子、二十二个孙子全部斩杀。

苻生的身边常常放置有刀、斧、弓、箭、铁锤、铁钳、铁锯、铁凿等杀人凶器，稍有不快，便要杀人解闷。

强太后的弟弟光禄大夫强平以为自己是苻生的亲舅舅，苻生多少会给自己一点面子，曾劝谏苻生不要太过分，得饶人处且饶人。

苻生气得三尸神暴跳，让人按住强平的脑袋，自己挥起铁锤、拿起铁凿就是一阵猛凿，把强平的脑袋凿穿，脑浆溅了一地。

苻生的母亲强太后闻此噩耗，竟被活活气死。

关中一带，常有猛虎出来伤人，百官奏请苻生想办法清除虎害。

苻生板起脸训斥说："猛虎生性就是吃肉的，吃饱了就不吃了，有什么好清除的？"

群臣无言以对。

苻生在阿房游玩，雨过天晴，看见两个男女青年撑伞同行，男的英俊帅气，女的青春靓丽，一时兴起，便让人带二人来问话，问："你两人年纪相当，又有夫妻相，是夫妻吗？"二人连连摆手说："我们是兄妹，不是夫妻。"苻生脸色一变，独眼发出凶光，怪叫道："朕今日心情大好，要给你们做媒，这是我第一次做媒，你们怎么可以是兄妹？不行，朕要赐你们拜堂为夫妇，现在就在这儿拜天地，然后圆房交欢，不得有违。"二人没法完成苻生的指令，最终被苻生乱刀砍死。

苻生与宠姬在楼台上欢宴，关中第一美男尚书仆射贾玄石从楼下走过，自然而然地吸引了宠姬的目光。

苻生觉察到了，独眼里闪烁着寒光，用力捏着宠姬的下巴问："怎么？你是不是喜欢楼下走过的这个人？"

宠姬惊恐着不敢回答。

苻生拔下佩剑，交给身后的卫士，说：“去，你把贾玄石请上来。”

卫士捧着剑下楼，把贾玄石的脑袋砍下提了上来。

苻生接过鲜血淋淋的人头，一往情深地塞到宠姬的手里，非常温柔地说：“只要是你喜欢的，我一定会让你得到。”宠姬吓得魂飞魄散，晕厥了过去。

苻生就是这样杀人如割草，毫无人性。

前秦的臣子，天天生活在死亡线上，朝不保夕。每天上朝，都会和妻儿老小挥泪诀别，不知这一去还能不能回来；每天下朝，则是举杯痛饮，和家人共同庆祝自己又多活了一天。

而当死亡的阴影笼罩到了苻生的堂兄弟苻法和苻坚头上，苻法和苻坚哥俩坐不住了，商量对策，决定趁苻生喝醉了酒，率数百敢死壮士，杀入宫中，先下手为强。

很快，苻坚兄弟的计划成功了。

苻生，一个凶残嗜血的魔君总算从地球上消失了。

而前秦帝国在苻坚的统治下，一度走向了前所未有的强大。

第七章　大战前后

 东晋是怎样在淝水之战以八万人战胜百万敌人的？

晋太元八年（383 年）七月，苻坚下诏南征，强令各州十丁遣一兵，征用公私马匹，二十岁以下、有才勇的良家子都拜羽林郎。

同年八月上旬，苻坚兵发长安。

其自领的兵力有：步兵六十多万、骑兵二十七万。

东西万里，水陆齐进，声势浩大。

消息传入建康，东晋上下，莫不震骇。

只有谢安一如既往地镇定自若，他运筹帷幄，从容不迫地调兵遣将。

有一则小故事，足以显示谢安的心理素质之强、胸怀之大。

话说，当时很多游兵散卒和有钱人的奴仆从前线逃回来，流窜到南塘一带，躲藏在船里。有人要求对这些船进行搜查，谢安及时制止，说："若不容置此辈，何以为京都？"

东晋为防御前秦所构建的防线分东西两路。

西路军由桓温之弟桓冲督统，共计十万，驻扎在江州，扼守长江中游，阻止前秦军水师东下。

关乎东晋存亡的是东路防线，谢安亲自节制东路军，他以弟弟谢石为都督，侄儿谢玄担任前锋，儿子谢琰、西中郎将桓伊等人一同配合，共统军八万，在淮河两岸抵御秦军。另派龙骧将军胡彬以水军五千增援寿阳（今安徽省寿县）。

桓冲不放心建康的安全，请求发精兵三千入卫，谢安坚决拒绝，说："朝廷这边安顿得很好，兵甲无阙，你自己好好把守你的西面防线。"

桓冲绝望地对手下人说："谢安石有庙堂之量，无将略之才。现在大敌垂至，只知发表高论，派遣未经战事的子侄辈前去抵抗，双方力量如此悬殊，天下事已可知，我等只怕从此要改穿胡衣胡服了。"

桓冲的悲观情绪溢于言表。

但前秦虽然庞大，却也有致命弱点。

前秦号称百万南征，但这将近一百万的人马是分散在全国各地的，应征入伍后，边集结边开赴前线。九月，苻坚本人已经到了项城（今河南沈丘），凉州的兵才到咸阳，幽、冀二州的兵才到彭城，只有阳平公苻融等军约三十万人到了颍口，即颍水进入淮河之口（今安徽颍上县东南），兵力分布非常分散。

也就是说，这一百万军队也并非合攻一个点。

其中慕容垂部三万人，负责打西路的郧城（今湖北安陆一带）。

苻融、张蚝部二十万人，负责打先头阵地寿阳。

羌人姚苌所督统益、梁的军队，梓潼太守裴元略率水军七万从川中顺流东下，负责攻取东晋都城建康。

苻坚自统的北方主力，则在项城集结。

说到底，桓冲所要阻击的就是姚苌、裴元略所率秦军水师。

本来北方军队就以骑兵见长，水师孱弱，而姚苌又与苻坚面和心不和，此次南征，不过是走走过场而已。

所以，这场卫国战能不能胜利，关键是看谢石所部东路军的表现。

苻坚还在项城集结主力，而让弟弟苻融、部将张蚝领二十万人先取寿阳。

苻融和张蚝的二十万人来势凶猛，没怎么费劲就拿下了寿阳，然后进取硖石（今安徽凤台西南），另派梁成部的五万兵马杀往洛涧（今安徽淮南东），在淮河上修筑了层层叠叠的栅栏，以切断坚守硖石的晋军粮道，并阻止晋东路军的到来。

谢石、谢玄闻寿阳已失，前秦军正在狂攻硖石，便率领本部八万大军往援，但到了洛涧，即被秦将梁成所阻，只好扎下营寨，不敢贸然轻进。

坚守硖石的晋将胡彬粮草耗尽，岌岌可危，只好频频派人向谢石求救，使者相见于道。

可以说，胡彬等五千人已成瓮中之鳖，等待他们的，只有水煮或清蒸的下场了。

可笑的是，苻融却担心夜长梦多，派人赶往项城向苻坚报告："贼少易擒，但恐逃去，宜速率军前来合击。"

苻坚是个治国的王者，打仗却是个门外汉，缺少了良相王猛的辅助，竟然昏头昏脑，生怕胡彬五千人逃脱，又听说晋军主力就屯驻在洛涧前二十五里，心想，这正是全歼晋军之良机。他只从军队人数多寡上对比了一下，觉得洛涧八万晋军再加上硖石的五千人，根本就不能与弟弟苻融的二十万人比，于是就不再坐等军队集结，自己兴冲冲地率领八千轻骑兵，连夜赶到寿阳督战。

苻坚还生怕洛涧八万晋军得知自己前往寿阳的消息而提前遁去，一再严令手下保密。

这番操作下来，他所耗尽民财征来的近九十万人马就只成了九十万台造粪机，每天只是吃饭造粪，并没加入作战序列中去。

奇怪的是，到了寿阳，苻坚又不担心晋军主力逃走了，他派了在襄阳收降的晋将朱序前往晋营劝降，企图凭借自己强大的军事压力让晋军放弃抵抗，集体投降。

要说，派人往晋营劝降是可以的，但为什么要派朱序呢？

大概，苻坚认为朱序是从晋营投降过来的，由他出面，现身说法，对晋军比较有说服力。

他也不想想，朱序的投降，到底是真心实意还是虚与委蛇。

实际上，朱序是因襄阳失陷被擒，迫于形势，才虚与委蛇，投身前秦的。

这番返回晋营，他不但不向谢石等人劝降，反而将前秦军的虚实和盘托出，并帮着想对策、出主意。

他说："若坐等秦师百万之众尽至，我军诚难与为敌。现在乘他们尚未完成集结，迅速出击，若能击败其前锋部队，使其士气丧失，则胜负可定。"

谢石原本的心思是，前秦军这么强大，是不可能和他们硬拼的，只能以游击战的方式与之缠斗，一旦对方百万人马的粮草供应不上，自己就算赢了。

现在听了朱序的话，如梦初醒，叫道："对对对，这仗得赶紧打，打得越早对我军越有利！"

谢石马上召集诸将，制订作战方案，拟集中兵力，先予前秦军先头部队以迎头痛击。

十一月，谢玄命手下悍将刘牢之率五千北府兵突袭洛涧。

这支晋师精锐以迅雷不及掩耳之势渡过了洛涧。

前秦军自恃势大，根本就没想到晋军还敢前来偷袭，这一下出其不意，前秦军的营寨瞬间崩溃。

秦军主将梁成被杀，溃兵四散奔逃，溺死、被杀者高达一万五千多人。

谢石、谢玄水陆齐进，晋军开至淝水东岸，与寿阳的前秦军隔水对峙。

苻坚听说前线吃了败仗，寒意横生，对晋军的真实兵力产生了怀疑。

他登上寿阳城楼察看晋军虚实，但见东晋的军队布阵严整，和八公山上的草木连成一片，无边无际，也不知哪些是兵，哪些是草木，又或者全都是兵。不由得脸色苍白，掉头埋怨苻融说："这漫山遍野全是兵，你怎么说他们军寡兵弱！"

成语"草木皆兵"就是这么来的。

苻坚这边对晋军的攻势感到恐惧和忧愁；谢石、谢玄那边更对前秦军的攻势感到恐惧和忧愁。

谢石、谢玄是想按照朱序说的速战速决，但晋、前秦两军之间隔着一条淝水，这仗怎么打呢？

谢玄想了又想，决定派人去劝苻坚将前秦军往后挪一挪，腾出点空间，好让自己过河。

谢玄这个想法让人觉得不可思议，须知，那苻坚又不是小孩子，怎么可能会听从你的话向后挪？

但是，世间有很多事，可能你想都不敢想，却偏偏就能实现。

谢玄的使者对苻坚说："您孤军悬入，不就是想速战速决吗？却又紧逼淝水部署军阵，不让我军过河决战，这明显是要打持久战的节奏。到底敢不敢与我军决战？如果敢，就移动兵阵稍微后撤，让我军渡河与你等一决生死，如果不敢，那就继续保持你的持久之计。"前秦诸将都笑了，说："我众你寡，我们就要临河遏制你们，使你们不能上岸，这样我们才可以稳居不败之地。"

但前秦诸将说的话是不能作准的，话事的是苻坚。

明明是个军事门外汉，苻坚却以读过几篇兵书以兵家自诩，他说：

“我军可以稍稍后撤，让他们渡河，渡到一半，我们再发起攻击，兵书上不是说了吗？‘半渡而击’总会有意外的收获！”

皇帝说话，一诺九鼎，地动山移。

苻融挥舞战旗，指挥兵众后退。

这二十万大军，前军变作后军往后一撤，原来的后军就莫名其妙，咦，前面的兄弟为什么后撤了？是不是前面已经战败了？大家边动身边讨论这个问题。

前秦军中的朱序抓住这难得的机会，大呼：“前军已经战败！”

闻者色变，跟相呼叫，全军齐呼：“战败了，快走！”

二十万人互相践踏，势如山崩。

对岸的晋军见了，也不用指挥官说话，都拎家伙渡河掩杀过来。

结果，苻融被乱军践踏而死。

苻坚跑得快，保住了小命，但耳中风声鹤唳，全是晋军的喊杀声，草行露宿，不敢稍有停歇，急急形如丧家之犬，惶惶好似漏网之鱼，好不凄怆恓惶。

谢玄、谢琰等挥军追击，一直追到青冈。

这就是历史上著名的淝水之战。

淝水功成，千年来，不知激励了南方多少仁人志士。

南宋诤臣李纲为之赋词云：

长江千里，限南北、雪浪云涛无际。
天险难逾，人谋克壮，索虏岂能吞噬。
阿坚百万南牧，倏忽长驱吾地。
破强敌，在谢公处画，从容颐指，奇伟。
淝水上，八千戈甲，结阵当蛇豕。
鞭弭周旋，旌旗麾动，坐却北军风靡。
夜闻数声鸣鹤，尽道王师将至。

延晋祚，庇烝民，周雅何曾专美。

 前线危机，王羲之和谢安只知饮酒作乐？

有人说，前线危机，王羲之和谢安只知饮酒作乐。

这里说的前线危机，指的是淝水之战。

淝水之战前，王羲之在政治上一直失意，先是在武昌、江苏为官时整顿吏治失败，自请移任会稽内史，又同样因肃反贪官惨遭失败，遂心灰意懒，与孙绰等名士聚啸东山，精研书法、讨论玄学。

谢安的情况要好一些。

桓温篡晋未成而殁，谢安入朝主宰要枢，指挥淝水之战告捷后，欲请王羲之入朝同辅朝政，无奈王羲之已久病而逝。

而谢安也在统筹北伐后不久病逝于广陵。

所以说，淝水之战前，“作为将领的王羲之”和谢安在“饮酒作乐”是无稽之谈。

不过，谢安作为东晋举国臣民的主心骨，他所表现出的镇定自若，是令人钦佩的。

当时，前秦的百万大军威逼寿阳，建康满城震恐。

东晋军心、民心的崩溃，就在转瞬之间。

谢安以一己之力，支撑起千钧重担，在朝廷之上，铿锵有力地说了一句：“可将当轴，了其此处！”

意思是：我要集中国家的精英力量，擒获敌首，来一场了断！

这样一句话，没有胆魄、气量和担当，是说不出来的。

当日，谢安就以征讨大都督的身份负责军事，派侄子谢玄等人率兵八万前去抵御。

谢玄对这一仗的打法并没有规划，想向叔叔探询。

谢安也不多说，只说：“你到了前线只管按你的思路去打，其他的不要多问，我都已经安排好了。”

谢玄觉得太玄，另外拜托自己的朋友张玄去试探谢安的计划。

谢安见了张玄，并不谈论军机，而是驾车带他到自己兴建在山中的别墅下棋、游玩。

张玄丈二和尚摸不着头脑，回去后向谢玄汇报。

谢玄却如释重负，心中完全镇定下来了。

其实，非但谢玄，整个建康城，整个东晋，都被谢安的镇定、安闲、从容不迫所感染，人心大定，集市不惊。

全国军民都相信，在谢安的带领下，一定能取得最后的胜利。

谢安能表现出这样的从容，是不是已经掌握了制胜的法宝了？

并不是。

谢安当然清楚，前秦这次给东晋制造的危机，很可能是毁灭性的。

但强敌已至，退无退路，藏无藏身之所，能做的就是堂堂皇皇地打上一仗，死也要死得优雅，死也要死得有尊严！

退一万步说，兵凶战危，战场上的战机瞬息万变，胜与败并不是绝对的，由胜转败或由败转胜，有时就在一线之间。

而且，谢安认为，前秦的军队虽然庞大，但绝大多数都是由农民、奴隶和流民临时拼凑起来的。

这种军队，真正的战斗力不过集中在前锋的几支部队上而已。

最要命的是，前秦是一个由少数民族建立的政权，其国内矛盾重重，又新吞并了前燕，还来不及消化，贸然兴兵，本身就是一个会随时自爆的炸药桶。

所以，谢安认为，只要不自己吓唬自己，不自乱阵脚，勇敢地与之对抗，胜算还是很大的。

淝水边的战斗打响的时候，谢安并非在“饮酒作乐”，而是在和友人下棋。

当前方的报告书传来，他只打开瞄了一眼，继续下棋。

一局终了，大家急得两眼冒烟，问他："淮上胜负到底如何？"

他轻描淡写地答："小儿辈已破贼矣。"

大家惊喜若狂，欢呼雀跃，屋子里沸腾一片。

谢安的脸色如常，转身回内室。

但仆人发现他在抬脚过门槛时，足底屐齿被门槛折断落地，他竟然毫无所知。

这就是谢安的强大和可怕之处：内心世界明明已经天翻地覆、暴风骤雨，却能在人前尽掩真情，真是深不可测！

唐朝大诗人李白由衷赋诗赞云：

三川北虏乱如麻，四海南奔似永嘉。

但用东山谢安石，为君谈笑靖胡沙。

淝水大战的胜利，使谢安的声望达到了顶点，其以总统诸军之功，进拜太保。

谢安想进一步统一天下，上疏请求率兵北征，孝武帝诏令其都督扬、江、荆、司、豫、徐、兖、青、冀、幽、并、宁、益、雍、梁十五州军事，持黄钺，其余官职照旧，设置从事中郎二人。

晋太元九年（384 年）八月，谢安发兵北伐。

谢玄领北府兵于东面自广陵北上，一路收复了兖州、青州、司州、豫州……整个黄河以南地区重新归入晋朝的版图。

但因谢安位居太保、太傅，并都督扬江荆司等十五州军事，司马氏和部分朝臣对谢安产生了猜忌，担心他会像王莽那样篡位夺权。

谢安敏锐地感觉到了这一切，知道北伐已不可能继续进行。

于是上疏朝廷请求估量时局停止进军，命令自己的儿子征虏将军谢琰解甲息兵，而留置龙骧将军朱序据守洛阳，委任谢玄为督察，密切关注彭城、沛县之敌，待来年涨水再行东西夹攻。

太元十年（385 年），谢安返回京城，当车辆入了西州门，谢安便有了一种不祥的预感，觉得自己的功业已经到了尽头，不无遗憾地对周围的人说：“从前桓温执政，我常常担心被他斩杀。忽然有一天梦见自己乘坐桓温的车驾走了十六里地，见到一只白色公鸡，就停止不前了。此梦解开，乘坐桓温的车驾，当是预兆将代替他执掌朝政。走十六里地，从我执政到今天刚好十六年了。白鸡属酉，如今太岁星在酉，是凶兆，我大概留在这个世上的日子没有几天了！”

果然，不久，谢安病重不起，竟在当年八月二十二日撒手人世，时年六十六岁。

史上最大器晚成的皇帝，建国轨迹诡异离奇

慕容垂最初的名字叫慕容霸，是前燕燕王慕容皝的第五子。

慕容皝共有二十子，其中第四子慕容恪和第五子慕容霸最为英雄了得。

公元 339 年，慕容皝击高句丽，时年才十三岁的慕容霸随军出征，勇冠三军，兵及新城，迫得高句丽王钊求和乞盟。

慕容霸由此迁骑都尉，跟随四哥慕容恪击宇文别部，凯旋后封都乡侯。

慕容皝对慕容霸宠爱无限，宠爱程度远超过身为世子的二子慕容儁，使慕容儁深怀恨意。

因此，公元 348 年，慕容皝去世，慕容儁继位后，就以慕容霸曾经堕马而撞断了门牙为由，强行要其改名为“慕容𡙇”，取笑其缺门牙，后更去“夬”，而改名慕容垂。

慕容垂虽不为兄长所喜，但效命疆场，无怨无悔，且驰骋决荡，所战皆捷。

公元 349 年，慕容垂为前燕前锋都督、建锋将军，领二万兵经循东

路讨伐后赵石虎，尽收乐安、北平两郡。

公元352年，后赵立义将军段勤聚胡、羯万余人保据绎幕，自称赵帝。慕容垂率军前去攻打，逼迫段勤与弟段思陪举城投降。

公元354年四月，慕容儁称帝，建号元玺，史称前燕，慕容垂一度因功得封为吴王，迁镇信都。

慕容儁也意识到慕容垂才高盖世，开始别有用心地对慕容垂进行打压。

不过，慕容垂还是在四哥慕容恪的援引下在对塞北（长城以北）敕勒丁零部的作战中屡立战功。

慕容垂一生中，最为出彩的战斗莫过于枋头大破东晋桓温的北伐大军。

慕容儁却也因此对慕容垂大感忌惮，大行打压之事。

慕容儁还设下毒计，让老婆可足浑氏使人告慕容垂之妻段氏及慕容垂手下的典书令高弼为巫蛊，将二人下狱，严刑拷问，目的是牵扯出慕容垂。

这段氏乃是鲜卑段氏段末柸的女儿，才高性烈，宁死不肯牵累丈夫，终死狱中。

慕容垂垂泪出镇辽东，另娶了段氏的妹妹为继室。

慕容儁的老婆可足浑氏为整倒慕容垂，提出了一个不可理喻的要求：要慕容垂休掉段妹妹，另娶自己的妹妹！

可足浑氏满以为这么一来，慕容垂必会忠于爱情，拒绝要求。那时，就以蔑视皇室之罪将之问斩。

但慕容垂是何许人也？

能伸能屈，非常爽快地答应了可足浑氏的要求。

可足浑氏和丈夫慕容儁无话可说，悻悻然地释下了屠刀。

就这样，慕容垂忍辱负重地与慕容儁打太极，一直打到慕容儁病死，才长舒了口气。

接下来，慕容垂跟随四哥慕容恪攻打洛阳，俘杀东晋扬武将军沈劲，随后大略崤、渑等地，都督荆、扬、洛、徐、兖、豫、雍、益、凉、秦十州诸军事、任征南大将军、荆州牧，镇鲁阳，风头无两。

可惜，好景不长，慕容垂的保护伞——四哥慕容恪也跟着病死了。

慕容恪死前曾对前燕第二任皇帝慕容暐说："吴王慕容垂的才能在我十倍以上，先帝不过以年龄长幼的次序予以任用，我这才位居其上。现在我将长辞人世，愿陛下重用吴王，亲贤兼举。"

但是，慕容儁虽死，可足浑氏还在，慕容垂的危险还没能解除。

已经成了太后的可足浑氏与太傅慕容评勾结在一起，设阴谋、玩诡计，必欲置慕容垂于死地而后安。

有人劝慕容垂先发制人，说："只要您提前出手，剪除掉慕容评小人，就太平无事了。"

慕容垂却以国事为重，拒绝说："万不可因为个人恩怨而祸乱到国家，我宁愿去死，也不愿做这种缺德事。"

他以打猎为由，率领家中老小离开邺城，准备逃回东北故都龙城。

慕容垂虽然对慕容评仁慈，慕容评对他却相当不义。

慕容评听说慕容垂要逃，派遣精骑急追，一直追至范阳（今北京）。

也幸亏天色已黑，慕容垂又虚设疑兵，来了个神龙摆尾，西入投奔前秦，这才躲过追杀。

在长安，慕容垂得到了前秦皇帝苻坚的热烈欢迎和款待。

但是苻坚的高级幕僚王猛却看慕容垂不爽。他私下里对苻坚说："慕容家族世代称雄于华夏的东方，慕容垂本人又恩结士庶，深得民心，乃是人中之杰，难以驯服，必须杀了才能免除后患。"

苻坚连连摆手说："我正要以仁义来招揽天下英豪，以建不世之功。人家慕容垂来投，待我至诚，如果将他杀害，我就与禽兽无异，那时，天下人会怎么看待我？"

苻坚不听王猛的劝说，以慕容垂为冠军将军，封宾都侯，食华阴五

百户。

不过，苻坚嘴上说的是一套，做的又是一套。

他看见慕容垂带来的段妹妹貌美肤白，就不断召入宫中，给慕容垂送上一顶绿油油的大帽子。

苻坚不肯对慕容垂动粗，王猛就要了一个阴招，他在某次酒宴上装醉，向慕容垂索取随身所佩的金刀观赏，观赏过后，没有归还。改日，命人持金刀假冒慕容垂的命令要慕容垂的长子慕容令发动叛乱。

慕容令见金刀如见父面，哪敢违抗？依令而行。

王猛眼见奸计得逞，就贼喊捉贼，上表诬告慕容垂父子谋反。

慕容垂一生中所遇的凶险，以此为最，吓得一佛升天、二佛出世，连夜出走蓝田（今陕西省蓝田县）。

不过苻坚识破了王猛的借刀杀人之计，未予加罪。

慕容垂终于得以化险为夷。

而他的儿子慕容令却因叛乱死于非命，诚为可惜。

王猛蛇蝎心肠，让人不寒而栗。

王猛领军灭掉前燕后，俘归大批鲜卑人入长安。

前秦的太史令以星象之说劝苻坚诛杀慕容氏，苻坚以不忍滥杀无辜为由，没有听从。

不久，又有人造谣，说鲜卑人图谋复国。还有人冲到明光殿前大呼："鲜卑儿要吃人了，我们将死无葬身之地。"

朝中大臣纷纷劝苻坚诛杀鲜卑人，苻坚也拒绝了。但面对这一浪高过一浪的劝杀声，慕容垂和他的鲜卑族人惴惴不安，度日如年。

最后，终结这种提心吊胆的岁月的是一场大战，一场名震史册的大战——淝水之战。

战前，慕容垂被临时派遣到西线作战。

前秦大军崩溃后，慕容垂见机得快，全身而退，所部三万军队没损失一兵一卒。

从寿阳逃回一条小命的苻坚狼狈不堪地前来投奔慕容垂。

慕容氏的宗族们人人振奋，认为这是天赐良机，纷纷建议慕容垂除掉苻坚，兴复大燕。

世子慕容宝的说辞非常诱人，他说："我们家国倾覆，但人心思燕。现在秦主兵败，又投奔到我们帐下，这是上天赐予恢复燕国的国统的有利时机，机不可失，时不再来，愿父亲大人不以意气微恩而忘社稷之重。"

慕容垂摇头长叹道："你说得很对。但苻王以一片赤诚之心而将自身的安全交给我，我怎能害他？如果天要他亡，不用担心他不亡。不如在危难中保护他，以报答他的恩德，慢慢地等待时机，这样既不违背往日的心愿，又能够以道义征服天下。"

弟弟慕容德大急，再劝，说："邻国相吞，自古就有。秦国强大的时候吞并燕国，秦国衰弱的时候燕人当然就要图谋它，此为报仇雪耻，非为负心违愿。昔日邓国的君主不采纳外甥的意见，终为楚国所灭；吴王夫差违背伍子胥的进谏，取祸勾践。前事不忘，后事之师。愿兄长不要舍弃汤、武成功的步伐，而追寻韩信失败的足迹，赶快趁秦国土崩，替天行道，斩除这些为非作歹的氐族人，光复我大燕宗祀，创建中兴之国。如若解除了这数万兵力，将兵权交还了苻秦，那是拒绝天时而等待后害，俗话说，天与不取，反被其咎，兄长不要再犹豫了！"

慕容垂垂泪说："当年我不见容于慕容评，无处安身，逃到秦国，秦王以国士之礼待我，关切备至；后来我被王猛出卖，根本无力为自己辩白，唯独秦王相信我，待我之礼更厚，个中恩情怎能忘却？假如说氐族人的命运必定穷尽，关西之地也不会归我所有，自会有人取代！我现在要做的，是招纳关东的民众，光复先帝大业。君子不乘人之危，不为祸先，我暂且观望形势。"

左右还要继续劝说，慕容垂不愿再听，率领大军护送苻坚回关中。

到了渑池，慕容垂认为苻坚已经安全了，就以回去拜谒先帝陵庙为

由，与苻坚作别，并把全部军队交还了苻坚。

苻坚得回了大军的兵权，主客之势互换。

大臣权翼私下劝苻坚说："国家大军新败，四方皆有离散之心，正应当征集名将，安置在京师，稳固根基，安定枝叶。慕容垂即如猎鹰，饥则依附于人，每闻风声飒然作响，现在正当紧闭樊笼之时，岂能放纵它，听任他为所欲为呢！"

苻坚不听，说："你说的话，我不能听。如若天命要有废兴的事变发生，本来就不是靠智慧与力量所能改变的。"

他不但不听，反而加派将军李蛮、闵亮等人带三千兵士护送慕容垂前往邺城。

权翼不甘放虎归山，派刺客在黄河渡桥附近刺杀慕容垂。

慕容垂机警，提前与典军程同交换了衣服和马匹，轻车简从，从凉马台扎草筏渡河东去，从容躲过了这一劫。

到了安阳，镇守在邺城的长乐公苻丕也感到慕容垂是个威胁，苦于慕容垂"反形未著"，不方便动手，只是虎视眈眈，一触即发。

不久，丁零人翟斌在洛阳附近起兵叛秦。

苻坚打发了两千老弱残兵给慕容垂，要他前去平叛。

两千老弱残兵，怎么与丁零人打？

这分明就是让我去送死！

忍无可忍，无须再忍。

慕容垂拔剑长啸，悍然宣布起兵反秦。

经过连续几年的杀伐，慕容垂成功地将关东七州收入囊中。

公元 385 年十二月，慕容垂定都中山。

公元 386 年正月，慕容垂正式称帝，改元建兴，史称后燕。

此时的慕容垂年已六十一岁，然雄心未老，非但重建燕国，且要将燕国进一步发扬光大。

公元 386 年八月，称帝不久的慕容垂亲自率军南下，连取在淝水之战后被东晋光复的青、兖、徐等州郡，将势力推进至淮北。

此后，又挥剑北上，消灭河北一带的叛军，收复清河、渤海等地，且征服了强大的贺兰部，一跃而成为北方第一大国。

公元392年，慕容垂六十七岁，已年近古稀，满头白发。但老骥伏枥，志在千里。他抓紧了杀伐的步伐，清除掉西燕慕容永和河南一带的丁零翟氏，将事业推向了巅峰。

彪悍皇后，亲自上阵搏杀，被俘受辱，宁死不屈

话说，苻坚不听谋臣王猛临终前的劝告，悍然兴起大军进攻东晋。结果，在淝水吃了败仗。

前秦大军在淝水崩溃，前秦的境内便乱了套。

先是位居陇西的鲜卑族乞伏氏起兵造反，接着是洛阳一带的丁零人兴兵作乱。不久，旧燕故地的慕容氏起兵、关中鲜卑慕容氏发难……

苻坚出奔五将山（在今岐山县东北），落入羌人姚苌之手，惨遭杀害。

姚苌原是投到苻坚手下的降将，一直都得到苻坚照顾，但其趁关中乱起自称万年秦王，建立了后秦，这会儿杀了苻坚，自以为帝命天授，得意非凡。

苻坚遇难时，他的族孙苻登正在镇守枹罕（今甘肃临夏）的河州牧毛兴手下任司马一职。

毛兴慧眼识英雄，很早就对人们说："小司马可坐评事。"盛称苻登是个可成大事的人。

毛兴有一个女儿，文武双全。因为看好苻登，毛兴把女儿嫁给了苻登。

毛氏和父亲一样，也认定丈夫是当世无双的大英豪。

毛兴年老得病，临死前，对属下官员说："累年抗击羌贼，事终不

克，何恨之深！我死之后，可把抗羌大业交付小司马，灭姚秦者，必是此人。”把自己的军队交给了苻登。

当苻坚的死讯传到枹罕，苻登便被毛氏和众氐族部落头领推举为使持节、都督陇右诸军事、抚军大将军及雍、河二州牧，略阳公，率领兵众与姚苌对抗。

不久，在毛氏和众氐族部落头领的劝进下，苻登即皇帝位，成了前秦的君主。

毛氏遂成了皇后。

在与姚苌鏖战的日子里，苻军筹不到粮食。苻登就让将士将战场上敌人的尸体拖回，煎烹蒸炒，名为“吃熟食”，他对士兵们说：“汝等朝战，暮便饱肉，何忧于饥！”士兵们听从他的话，吃死尸的肉充饥，以保持战斗力。

姚苌的后秦士兵知道了此事，全吓傻了，纷纷从陇上跑下，逃入长安。

苻登率军与驻军于武都的姚苌展开数番恶战，双方你来我往，打得难分难解，战事陷入了胶着状态。

苻登军中所需要填肚子的尸体一时得不到满足，军队出现了饥荒，战斗力大减。

即使这样，苻登还是克服种种困难，与姚苌苦苦周旋。

为了充饥，他甚至命人四处采收桑葚，以供士兵充饥。

趁着苻登军粮荒，姚苌发兵三万夜袭苻登集中辎重粮草的大界营。

看守大界营的正是苻登的妻子毛皇后。毛皇后临危不惧，亲自拎刀出营搏战，士兵受此激励，拼死力战，扭转了受袭的被动局面，俘斩后秦七千余人。

姚苌闻此败讯，又惊又怒，亲率大军疯狂反扑。

这次，无论毛皇后有多骁勇，再也经受不起敌人的连番进攻，营垒很快失陷。

饶是如此，毛皇后犹弯弓跨马，率壮士数百人，与后秦军交战，杀伤甚众。最终众寡不敌，力尽被擒。

姚苌为毛皇后的美貌所动，欲纳她为妃。

毛皇后坚拒不从，骂道：“吾天子后，岂为贼羌所辱，何不速杀我!”

姚苌还有些怜香惜玉，不忍用刑。

毛皇后又跳起来大骂道：“姚苌无道，前害天子，今辱皇后，皇天后土，宁不鉴照!”

姚苌被骂得心头火起，知不能使她就范，吩咐将她推出斩首。

毛皇后此年不过二十出头，却坚守大义，不求生，只求死，让后人钦佩。

不过，也因为毛皇后被斩，前秦苻军先挫士气；而大界营被破，粮饷更缺，胜利的天平迅速倾向了后秦姚军。

不久，苻登被姚苌之子姚兴杀死，其子苻崇又被西秦所杀，前秦宣告灭亡。

以步制骑的大英雄篡晋建宋

刘裕出身贫寒，三十多岁才投军，可以说是起点低、出道晚。

可是刘裕天赋异禀，风骨奇特，两臂有千钧之力，又兼性情刚毅果敢，天生就是当兵打仗的料。刚一投军，很快就在军中大放异彩，受到军界、政界的瞩目。

其中，在吴郡（今江苏苏州）的一场战役让刘裕一战成名。

那一年是东晋隆安三年（399 年），刘裕带领几十人在吴郡一带巡逻，突然遭遇上了几千名贼寇。

面对强大的敌人，刘裕一点也不害怕，手里挥舞着长刀，狂劈乱砍，一下子就砍翻了数名贼人。

敌人彻底怕了刘裕，一下子就跑得没了踪影。

刘裕的敢战之名从此传遍天下。

刘裕平灭了孙恩，剪除了环玄，又收复了蜀地，威风凛凛，英雄盖世，中外震慑。

由羌族人建立的后秦政权曾在早年攻陷了晋朝的洛阳，吞并了淮、汉以北十几座城池。

刘裕掌权后，派人索还这一片土地，扬言说，如若不归还，就用刀枪代替谈判。

后秦皇帝姚兴本来也是一代霸主，但听了刘裕的话，吓得大气也不敢喘，乖乖归还了这十几座城池。

后秦的大臣都埋怨姚兴懦弱。

姚兴解释说："天下善恶的标准是一样的。刘裕乃是出身微贱的精英，匡辅晋室，我怎能舍不得数郡之地而成全他的美意呢？"

姚兴的话虽然说得冠冕堂皇，但根本掩饰不住一个"怕"字。

要知道，自古以来，弱国无外交，他之所以自愿放弃已经到手的土地，绝不是因为仁义，而是他没有能力守这片土地。他要是真的仁义，当初就不会发动战争侵占这些城池了。

后秦皇帝姚兴识时务，暂时避开了刘裕的征伐。

但刘裕要收复中原旧土的决心却是谁也无法阻止的。

刘裕将兵锋指向了占据山东的鲜卑慕容氏政权南燕。

他没有骑兵，手下都是用两条腿走路的步兵。

他带着这些步兵杀到南燕的都城广固，处死了南燕皇帝慕容超。

值得一提的是，在南燕灭亡前夕，后秦姚兴派使者来警告刘裕："慕容氏与我们大秦相邻，关系友好。现在你们这样猛烈地进攻他们，我大秦已派遣十万精锐骑兵屯聚在洛阳。你们的部队如果不撤，我们就会长驱而进，抄你们后路。"

刘裕的回答很干脆，对后秦的使节说："回去告诉姚兴，我原本计划在灭掉了南燕之后，休整部队三年，再攻取长安的；你们现在活得不耐烦了，偏要自己上门送死，请便!”

姚兴听了，吓得不敢吱声，立刻做起了缩头乌龟。

但做缩头乌龟也改变不了后秦的灭亡。

为了一统天下，刘裕继续辛苦自己的步兵往西攻打长安。

刘裕还没到长安，姚兴就病死了，继位的是他的儿子姚泓。

刘裕为了节省脚力，用船只运兵，逆黄河西上，直取长安。

路上，发生了一个小插曲。

北魏的拓跋氏政权看见刘裕的势力发展迅猛，当然不乐意了，就派了几万骑兵在黄河北岸骚扰，阻止刘裕兵船前进。

结果，刘裕在岸边用二千七百人摆下一个却月阵，一顿饭的工夫，就把这几万名北魏骑兵全都送上了西天。

北魏皇帝拓跋嗣老实了，再也不敢招惹刘裕，和谋臣崔浩讨论刘裕伐秦的前景，说：“刘裕讨伐姚泓，能不能成功?”

崔浩想都不想，斩钉截铁地回答说：“定能攻克!”

拓跋嗣问：“为什么这么肯定?”

崔浩说：“刘裕的势力如日中天，谁还能和他争锋?”

拓跋嗣又问：“如果后燕皇帝慕容垂不死，能不能和刘裕一争高下?”

崔浩毫不犹豫地答：“慕容垂比不上刘裕。慕容垂凭借父兄巨大影响，兴复旧业，国人要投靠他，就如夜间的昆虫飞向火光一样，他只要稍加利用，就能轻而易举地建功立业。而刘裕出身微贱贫寒，没有一尺一寸土地可以倚仗，却消灭了桓玄，重兴晋室。北擒慕容超，南枭卢循，所过之处，未逢敌手，谁能与之相比?”

事实证明，崔浩的推测一点没错，刘裕毫无悬念地攻下了长安，平灭了后秦。

而崔浩对刘裕的评价，也恰如其分。

史学家何去非就称赞说：“宋武帝以英特之姿，攘袂而起，平灵宝于旧楚，定刘毅于荆豫，灭南燕于二齐，克谯纵于庸蜀，殄卢循于交广，西执姚泓而灭后秦，盖举无遗策而天下慑服矣。北方之寇，独关东之拓跋，陇北之赫连耳。方其入关，魏人虽强，不敢南指西顾以议其后。”

另一个史学家王夫之也说：“永嘉以降，仅延中国生人之气者，唯刘氏耳！”

因为东晋王朝少了一样东西，致使南北朝有了孰是正统之争

中国古代改朝换代，讲究民心、讲究气数、讲究正朔。

历史发展到信史时代，有文字可查的朝代更替、君主易姓，是从西周代商开始的。

西周的统治阶层大力宣称“天地革而四时成，汤武革命，顺乎天而应乎人”。

指称殷商的民心尽失、气数尽丧，说自己取代它，是“顺乎天而应乎人”。

即周家王朝已为天下正朔，周家王朝的最高统治者就是上天的儿子——天子。

就依靠这一说法，周天子从西周到东周，名正言顺地当了将近八百年的天下共主。

秦灭六国，建立了帝制。

秦始皇别出心裁地令良工用蓝田山美玉制成传国玉玺。

但秦施暴政，民众不堪其苦，很快出现了“秦失其鹿，天下共逐之”的乱局。

最终，刘邦在楚汉争霸中胜出，执掌秦始皇的传国玉玺。

也就是说，从这时候起，传国玉玺成了皇权神授、正统合法的信物。

西汉末年，权臣王莽准备篡汉代新，很是费了一番脑筋，一方面，他从皇后王政君手中强夺过传国玉玺；另一方面，模仿古代神话中禅让的传说，强迫孺子婴把帝位让给自己。

虽然王莽很快被兴复汉室的光武帝刘秀所灭，传国玉玺也回到刘秀手中，重新成为汉朝的玉玺。但王莽“复古”创建出来的禅让套路，却成了后世野心家篡位的必摹模式。

当然，篡位之前，野心家也都会先盯住传国玉玺不放。

东汉末年，天下乱起。何进、袁绍等人武装诛杀十常侍，汉少帝仓皇出逃，混乱中遗失了传国玉玺。

十余年后，十八路诸侯讨伐董卓。

董卓抵挡不住，一把火焚烧了洛阳宫廷，仓皇西逃。

率先入洛阳救火的孙坚部下在洛阳城南甄宫井中意外打捞出了传国玉玺。

孙坚是野心家，但比他野心更大的还有袁绍兄弟。

在袁绍兄弟的威逼利诱下，孙坚交出了玉玺。

但袁绍兄弟先后被曹操打败，玉玺又回到了汉献帝的手里，复归汉家所有。

其后，曹丕按照王莽当年禅让的剧本一丝不苟地演了 遍，从汉献帝处接过了传国玉玺，登上帝位。

不久，司马炎有样学样，从曹魏的曹奂手中夺过传国玉玺，重演了一次禅让大戏，登上帝位。

但是，西晋是个短命王朝，司马炎死，八王乱起，匈奴部、前赵刘聪攻陷晋都洛阳，俘晋怀帝，收缴了玉玺。

所幸司马氏余脉未绝，衣冠南渡，在江东建立了东晋。

所以，玉玺虽在匈奴人之手，正朔尚在江东。

后来东晋的司马德文禅让给南朝宋刘裕，南朝宋刘准禅让给南朝齐萧道成，南朝齐萧宝融禅让南朝梁萧衍，南朝梁萧方智禅让南朝陈陈霸

先，史家认为，正朔一直在江东传递。

不过，传国玉玺先后在前赵刘聪、后赵石勒、冉魏冉闵，以及后来的鲜卑慕容燕等国主手中传递。而到了北魏分裂以后，东魏元善见禅让给高洋，西魏元廓禅让给宇文觉，北周宇文衍禅让给杨坚。

杨坚得到了传国玉玺，就宣称传国玉玺是王朝正朔的标志，既然传国玉玺在北朝传递，即正朔就在北朝传承；传国玉玺到了自己手上，则王朝正朔就在自己这儿。

于是，关于南北朝谁为正统的争议就在这儿出现了。

原本，南朝的宋、齐、梁、陈是上承汉魏晋的，脉络分明，不管有没有传国玉玺，明摆着正朔在南朝这边。

但隋朝作为大统一王朝，其身的正统性却是得到后世史家认可的。

有人因此认为，隋文帝杨坚统一中原时，不应该以正朔的身份讨伐南朝陈国，而应该走后世李唐代隋的路子，从南朝陈国中袭承正统。

当然，这是杨坚所不屑的。

但不管怎么样，以传统史观论，南北朝时期，正统的王朝在南朝。

最后补充一下，传国玉玺后来传到五代后唐李从珂之手，随着李从珂自焚而消失。

该玉玺有三大特征：

一、据《后汉书·徐璆传》引卫宏注记载，秦始皇统一六国后，令良工用蓝田山美玉制成玉玺，玺钮雕如龙鱼凤鸟，正面所刻为丞相李斯以大篆书写的“受命于天，既寿永昌”八个字。

二、秦末天下大乱，汉高帝刘邦领兵率先攻入关中，秦亡国之君子婴将此玺献给了刘邦。刘邦即帝位后，传国玉玺一直存放在长乐宫内，成为皇权的象征。西汉末年，大司马王莽独揽朝政，有心篡夺皇位，逼迫太后王氏交出传国玉玺。王太后气愤之下，将玉玺掷于地，玉玺上雕刻螭虎被崩落一角。王莽得到后，命人以黄金镶补。

三、传国玉玺曾经经过曹丕、石勒之手，曹丕命人在玉玺左肩部刻下隶字“大魏受汉传国玺”，石勒则命人在玉玺右肩部加刻了“天命石氏”字样。

 说说两晋的帝王们

晋朝上承三国，下启南北朝，分为西晋与东晋两个时期，其中西晋为中国古代历史上九个大一统朝代之一。“八王之乱”暴发，胡人相侵，晋都洛阳被毁，晋室南渡，另建都建邺，是为东晋。东晋属于六朝之一。两晋共传十五帝，共享国一百五十五年。

这么说来，晋朝在中国古代历史上所占的比重可不小。

刘氏大汉王朝因为政变和战乱被迫分裂成了西东两汉，司马氏的晋室也因为政变和战乱被迫分裂成西东两晋。

但西东两晋远不能与西东两汉相比，其在中国历史上的存在感极低。

尤其是西晋，虽然合并了魏蜀吴三国，一统宇内，国祚却不长，只有五十一年，若从灭东吴的时间点算起，时间更短，仅有三十七年，焉能与西汉王朝相比？

东晋国祚稍长，有一百多年，但苦守江南半壁，风雨飘摇，外有异族强敌觊觎，内有权臣跋扈，受尽窝囊气，国不像国，朝不像朝。

话说回来，两晋的存在感虽然低，但其所出现过的十五任皇帝也都各有个性，只不过，国弱人欺，“舞榭歌台，风流总被雨打风吹去”，不大为后人所知罢了。

前面说过晋武帝司马炎和晋惠帝司马衷的逸事，现在掰扯一下其他帝王的逸事，让大家从一个侧面窥知该王朝的兴盛衰亡。

晋惠帝死，他的弟弟司马炽即位，是为晋怀帝。

司马炽的智商比司马衷高，但遭遇比司马衷悲惨多了。

匈奴人刘渊之子刘聪的军队攻入洛阳，俘虏了司马炽，史称“永嘉奇祸”。

司马炽被送往平阳，汉赵皇帝刘聪羞辱他说："你家骨肉相残怎么那么厉害？"

司马炽无地自容，悲愤加讨好地说："这大概是上天的意思吧。陛下的大汉是受天命而振兴的正统，我们司马氏不敢劳烦陛下亲自动手，就先把自己不符合天意的地方铲除干净了。假如我家人人都奉行武皇大业，精诚团结，岂不会妨碍陛下取天下？"

司马炽的回答虽然赢来了一时的苟且残喘，但最终还是被刘聪用毒酒毒杀，葬处不明。

晋朝的第四任皇帝是晋愍帝司马邺。

公元313年，晋怀帝司马炽被杀，司马邺在长安即帝位。

司马邺是个少年天子，即帝位时只有十七岁，面对汉赵刘曜率军围攻长安城，听说城内出现了人吃人的情况，不忍将士们遭受磨难，更担心城陷后百姓会受屠戮之灾。自己乘坐羊车，脱去上衣，口衔玉璧，让侍从抬着棺材，出城投降。

司马邺被送到平阳后，默默承受各种屈辱，最终还是被刘聪杀害，同样葬处不明。

司马邺被辱杀，标志着西晋灭亡；南方则因晋武帝司马炎从子司马睿在建康建都，进入了东晋时期。

司马睿即为晋元帝，渡江后倚重琅琊王氏，时有"王与马，共天下"之称。

关于司马睿的身世，有一段奇闻：当年司马懿翻看谶书《玄石图》，发现上面有四字谶语"牛继马后"，就异常担心，担心自己辛辛苦苦建立下来的功业会被姓牛的人夺去，于是，对姓牛的人特别忌恨。当然，他要杀尽天下姓牛的人是不可能的，他只把目光对准姓牛人中比较牛的人。有一个名叫牛金的猛将，善于作战，颇有战功。司马懿用毒酒毒杀了他，认为这样一来后患已绝。谁能想到，他的孙子司马觐娶了一个叫夏侯光姬的妃子，这个妃子，风流成性，竟与一个牛氏小吏私通，巧的是，这个牛氏小吏的名字也叫牛金，史称“小牛金”。不久，妃子生下了司马睿。后人也因此戏谑地称司马睿为牛睿。明朝思想家李贽甚至直呼东晋为“南朝晋牛氏”。

不过，这只是传闻，当不得真。

司马睿对琅琊王氏倚重到了什么程度呢?

他称王导为“仲父”，把他比作自己的“萧何”。

而王导也经常劝谏司马睿克己勤俭，与人为善。

君臣两人在东晋草创期上演了一场君臣相敬的佳话。

司马睿初登帝位之日，曾盛情邀请王导同到御座上就座，王导固辞。

司马睿又再三邀请，王导解释说：“若太阳下同万物，苍生何由仰照?”

司马睿这才作罢。

琅琊王家后来权势越来越庞大，除了王导担任丞相，王敦控制着长江中游，四分之三的朝野官员都是王家的人或者与王家相关的人。

司马睿觉察到了其中的危险，引用刘隗、刁协、戴渊等为心腹，试图压制王氏权势。

这引起了王敦的不满，其以诛刘隗为名，在武昌起兵，直扑建康。

司马睿在忧愤中辞世。

继位的晋明帝司马绍可以说是晋朝最为英明神武的皇帝，《晋书》称其“聪明有机断，尤精物理”，能“骑驱遵养，以弱制强，潜谋独断，廓清大昆”。

但晋明帝享国只四年，死年只有二十七岁，诚为可惜。

晋明帝病死后，五岁的皇太子司马衍即位，是为晋成帝。

晋明帝的皇后庾氏以皇太后身份临朝称制，朝中大权落在庾太后的哥哥中书令庾亮的手中。

晋成帝司马衍自幼聪敏，有成人之量。在他六岁时，发生了苏峻之乱，他被苏峻囚禁，却毫不惊慌，泰然处之，埋头读书，表现出帝王风

度。苏峻之乱平息后，他发现当年五马渡江之一的南顿王司马宗不见了，就问舅舅庾亮："常日白头公（司马宗一头白发）何在?"庾亮对以"谋反伏诛"。司马衍扁着小嘴，放声大哭，说："舅言人作贼，便杀之，人言舅作贼，复若何?"庾亮吓得脸色大变，无言以答。

庾亮的弟弟庾怿曾送酒给江州刺史王允之，王允之有戒心，试着让狗先喝了一点。那狗喝后倒毙。王允之惊惧之下，上表报告小皇帝。司马衍览表怒斥道："大舅已乱天下，小舅复欲尔邪?"庾怿闻言，惊惧不已，不久自杀身亡。

可见，司马衍绝对是个不简单的角色。

可惜他自幼就被舅家控制，又短寿，没机会管理朝政，不能有大的作为。

咸康八年（342 年）五月，司马衍身体不适。六月初五，病情加重。他虽然有两个儿子司马丕和司马奕，但太过年幼，尚在襁褓之中，帝位被迫传给了同母弟琅琊王司马岳，是为晋康帝。

晋康帝司马岳也是个短命皇帝，在位只有三年，二十三岁驾崩，是个龙套角色，帝位传给了自己的儿子司马聃，是为晋穆帝。

司马岳虽然没有大的政绩，但是他的书法造诣很深，代表作《陆女帖》被收进宋代《淳化阁帖》。

司马聃的在位时间远长于其父，有十七年!

但他是两岁即位，十九岁崩，政权由褚太后主掌，由何充、蔡谟、司马昱等人相辅，也没有什么政绩。

但司马聃朝的政治还算清明。

《晋书》对这一时期的评价非常高，称："孝宗因繈抱之姿，用母氏之化，中外无事，十有余年。以武安之才，启之疆场；以文王之风，被乎江汉，则孔子所谓吾无间然矣。"

原先，晋成帝司马衍身体不适，群臣打算拥戴他的儿子司马丕继位。

但司马丕和弟弟司马奕都是嗷嗷待哺的婴儿，与帝位失之交臂。

而当晋穆帝司马聃崩，且司马聃膝下无子，在褚太后的主持下，帝位传回给了司马丕。

但这时权臣桓温当国，晋哀帝形同傀儡，为了麻醉自己，他迷上了修炼长生术，辟谷、服丹药，最后中毒而死，终年二十五岁，在位三年零九个月，史称晋哀帝。

晋哀帝无子，帝位传给了同母弟司马奕。

司马奕也得仰桓温鼻息，日子同样不好过，苟且偷生了六年，终为桓温所废，史称晋废帝。

桓温所立的司马昱辈分极高，是东晋开国皇帝晋元帝司马睿的幼子，历经元、明、成、康、穆、哀、废帝七朝。

按理说，司马昱也是见证了许多风云起落的大人物了，见识应该不同凡响。

但司马昱的见识是很浅薄的，他登位后，一切听命于桓温，惶惶不可终日。

简文帝崩，太子司马曜即位，是为晋孝武帝。

司马曜小的时候，大家都怀疑他的智商有问题。

他十岁登位，改年冬天，宫女反映他白天不穿夹裤，上身只穿几件熟绢做的单层衣衫，到了晚上却盖好几层被褥，是有些不正常。

谢安劝谏说："圣体应该有规律，陛下白天穿得太少，晚上又盖得太多，恐怕不是养生之道。"

司马曜大笑说："白天走动多，用不着多穿衣；晚间静下来，当然要盖多一些了。"

谢安愣了一愣，赞叹说："陛下说理的本领不比先帝差啊。"

谢安也因此死心辅佐司马曜。

在王坦之、谢安等能臣的拥护下，司马曜熬死了桓温。

但司马曜并不快乐，经常喝酒，沉迷于醉乡，清醒的时候少，外人罕得接见。

某天，天空出现长星。

司马曜认为这是凶兆，无比烦恶。

晚上，他在华林园喝酒解闷，举杯向天说道："长星，劝尔一杯酒！自古何时有万岁天子？"

是的，从来都不会有万岁天子的。

司马曜宠幸张贵人，醉酒中他对张贵人开玩笑说："你已三十多岁了，年老了，这个年纪应该废黜了，我只喜欢年轻美貌的少女。"

张贵人听后，妒意翻涌，杀心渐起。半夜，等司马曜熟睡际，用被子活活将之闷杀。

可以说，司马曜是中国古代皇帝中死得最冤枉、最窝囊、最不值的皇帝之一。

孝武帝司马曜死，皇太子司马德宗即位，是为晋安帝。

司马德宗的智商低劣，不识饥饱，不知冷暖，比晋惠帝司马衷那是有过之而无不及。

这种智商，自然不懂得去追究父亲的死因。

而且，这种智商，也是最受权臣喜欢的。

桓温之子桓玄成了新一代权臣后，一度将其废掉，篡夺了晋室，称帝自立。

不过，桓玄的好景不长，很快被新崛起的草根英雄刘裕击败。

司马德宗因此得以复位。

刘裕堪称两晋南北朝三百多年内最为杰出的英雄人物，不肯屈居人下，随着他的势力不断坐大，作为过渡，他先指使心腹将司马德宗绞死，另立司马德宗的弟弟司马德文为帝，是为晋恭帝。

等到时机成熟，刘裕开始篡位，让党徒傅亮草拟好禅位诏书，逼迫司马德文誊抄。

司马德文欣然操笔，并对左右说："桓玄之时，晋氏已无天下，重为刘公所延，将二十载；今日之事，本所甘心。"

刘宋王朝建立，晋王朝算是灭亡了，但刘裕并不肯放过司马德文。

通过禅让改朝换代，却又残杀前朝君王的恶例就始自刘裕。

说起来，为登上帝位，残杀最多皇帝的人也是刘裕。

刘裕为东晋猛臣、权臣时，就先后擒杀了伪楚桓玄、南燕慕容超、蜀国谯纵、后秦姚泓；等要篡位自立了，就杀了晋安帝司马德宗。

过了一年，刘裕命兵士带毒酒去送司马德文上西天。

司马德文是信佛的，他曾下令打造了一个高一丈六寸的黄金佛像，并亲身到瓦官寺迎其上位。

因此，他是相信有西天的，于是他拒绝说："佛教教义中说，人凡自杀，转世就不能再投人胎了。"

兵士只好挟他上床，用被子蒙住他脸面，用力把他扼死。

刘裕在有生之年，一共杀了六位皇帝，创历史之最。

李世民积极参与修撰《晋书》，其中的原因您想不到

提起唐太宗李世民参与修撰史书，很多人想到的是他三番四次向史官提出要观看初唐起居注的记录情况、从而干预史官编修国史的丑事。

的确，骨肉相残的玄武门事件使李世民背上了无比沉重的道德包袱，使他终其一生也未能摆脱该事件留下的心理阴影。

但本文说的却不是这个，而是二十四史之一的晋书。

所谓二十四史，即中国古代各朝撰写的、被历朝历代纳为正统的二十四部史书的总称，又称"正史"。

"正史"之名，始见于《隋书·经籍志》："世有著述，皆拟班、马，以为正史。"

清代乾隆皇帝钦定"二十四史"，"正史"一称即专指"二十四史"。按《四库全书》的规定，正史类"凡未经宸断者，则悉不滥登。盖正史

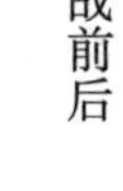

体尊，义与经配，非悬诸令典，莫敢私增”，即未经皇帝批准，不得列入正史。

二十四史是我国文化遗产宝库中的一份珍贵的历史文献，它的规模巨大，卷帙浩繁，计三千二百一十三卷，约四千万字，编写始自公元前二世纪，即西汉武帝刘彻时代，到清朝乾隆时代为止，整个编写过程长达一千九百多年，用统一的体裁，比较系统、完整地记录了明亡以前有文字可考的几千年的历史，在世界上是极其罕见的。

这二十四史中的“前四史”即《史记》《汉书》《后汉书》《三国志》属于私修史书，书的作者是谁，那是清清楚楚。

可是，后面的大多数官修史书都是由宰臣监修，书成之后，由他领衔呈送给皇帝过目，因此，他就俨然成了这部书的作者。

实际上，这些人中，有的根本就没为自己所监修的书写过一字一语，比如说后晋的刘昫、元朝的脱脱等，但他们是宰臣，就分别成了他们所监修的《旧唐书》《宋史》《辽史》《金史》的主编。

当然，像刘昫、脱脱这类人还是属于少数，大多数监修者在修史过程中都有参与撰写的。

比如说《隋书》的监修人魏徵，就在《隋书》中撰写了大量史论，这些史论，在书中都标有“魏徵曰”的字样，历历可考。

其实，除了《隋书》，其余的《晋书》《梁书》《陈书》《北齐书》《周书》也都是在唐太宗李世民时代修成的（此六部官修史书和《南史》《北史》两部私修史书合称“唐初八史”），这六部史书的监修人都参与了撰写。

令人惊诧的是，唐太宗李世民还参与了《晋书》的修撰！

旧版的《晋书》都会特别题为“唐太宗文皇帝御撰”。

这也使得《晋书》在同类史书中的地位高出了若干倍。

《晋书》记载的历史上起三国司马懿时期，下至东晋恭帝元熙二年（420 年）刘裕废晋帝自立。参与编写的有二十多人，其中房玄龄、褚遂良、许敬宗三人为监修，执笔者有令狐德棻、敬播、来济、陆元仕、刘子翼、卢承基、李淳风、李义府、薛元超、上官仪、崔行功、辛丘驭、刘胤之、杨仁卿、李延寿、张文恭、李安期、李怀俨等。

之所以会题上“唐太宗文皇帝御撰”，是因为书修成之后，房玄龄领衔呈送给李世民过目，李世民逐篇阅读，感触良多，分别给宣帝（司马懿）、武帝（司马炎）二纪及陆机、王羲之两传写了四篇史论。

所以，《晋书》便题为“御撰”，意思是说皇帝也参与了修撰。

这里有一个问题，《晋书》《梁书》《陈书》《北齐书》《周书》《隋书》都是李世民统治时代所修的前代史书，为什么李世民独独选择《晋书》来写史论呢？

这主要因为西晋是个统一的王朝，它结束了三国时期几十年的分裂局面。然而它的统一又是短暂的，不久就发生了中原地区的大混战，此后便形成了东晋和十六国、南朝和北朝的长期对立。李世民作为统一的唐朝的创业之君，当然会对晋朝的治乱兴亡进行探索，以为借鉴。所以，他把西晋王朝的奠基人司马懿和完成统一事业的司马炎当作主要研究对象，对宣帝（司马懿）、武帝（司马炎）二纪写了专门的史论指出司马炎“居治而忘危”“不知处广以思狭”“以新集易动之基，而无久安难拔之虑”。

在这一点上，不难看出，李世民所以能成为千古一帝，那是有原因的。

第八章　考古释疑

 晋朝高僧法显——玄奘的偶像

拜吴承恩的神魔小说《西游记》所赐，唐朝高僧玄奘成了个妇孺皆知的名人。

不过，很多人对唐朝高僧玄奘的了解，也只停留在去西天取经，拥有孙悟空、猪八戒、沙和尚三个徒弟的层面上，甚至可能还不知唐僧玄奘姓甚名谁。

所以特此在这儿简略介绍一下。

玄奘是东汉名臣陈寔的后代，曾祖父陈钦，曾任北魏上党太守；祖父陈康，为北齐国子博士，食邑周南（今河南洛阳）；父亲陈惠，做过隋朝的县官——玄奘出生于隋朝仁寿二年（602 年），注意，他的母亲可不是《西游记》里面说的唐朝开国功臣殷开山的女儿殷小姐，当然，小名江流儿也是《西游记》瞎编的。

玄奘本名陈祎，隋大业八年（612 年），在东都洛阳净土寺出家，法名就叫玄奘，当时年仅十岁。

玄奘聪明伶俐，悟性极高，先是跟景法学《涅槃经》，后从严法学《摄大乘论》，精通佛教的经、律、论三藏，故获名号三藏法师。

三藏法师在佛学世界里敬佛、敬如来；在现实人生中独敬法显大师。

法显大师是晋朝高僧，是中国第一个越过葱岭，从天竺取回大量梵本佛经的人。

玄奘能够拥有不平凡的一生，就是去天竺取经；而他去天竺取经，却是受法显事迹的启发、激励和鼓舞。

在《大慈恩寺三藏法师传》一书中，玄奘坦承："昔法显、智严亦一时之士，皆能求法，导利群生，岂使高迹无追，清风绝后？大丈夫会当继之！"

即玄奘发愿西行，就是要继承法显的足迹、效法法显的行为。

玄奘的一生是伟大的，但通过玄奘的自述，我们应该知道，法显的一生更伟大！

唐代另一个高僧义净，也是继玄奘之后的伟大西行者，他是这样比较法显与玄奘的成就的："观夫自古神州之地，轻生殉法之宾，显法师则创辟荒途，玄奘师及中开王路。"

即法显是西行求法的开创者；玄奘是西行求法的发扬者。

一个开创，一个发扬，哪个更高，一目了然。

另外，玄奘是在二十六岁的青春年华迈开西行脚步的，而法显西行之年，已经六十有五。

玄奘西行经历无疑是艰辛险恶的，但法显之行，在艰辛险恶之上，又多出几分精彩。

下面，我们来说说法显西行的故事。

法显出生于东晋咸和九年（334 年），并州上党郡襄垣县（当时属于后赵）人，本姓龚，没有俗家名字——他的佛缘比玄奘还深，三岁时就被父母度为沙弥，送到了宝峰寺当了小和尚，送的时候，连名字都没想好。

就因为三岁投身佛门，法显对佛教信仰之心非常虔诚，修行极为严谨，有“志行明敏，仪轨整肃”之称誉。

随着对佛法修学的深入，法显越来越迫切地感到，国内拥有的佛经已赶不上佛教发展的需求，而且，许多律藏残缺，使佛教已偏离正道，在往一条歪路发展了。

法显于是立志要往西方求取新经。

到东晋隆安三年（399 年），已经六十五岁的法显深感时不我待，去日无多，毅然决然地同慧景、道整、慧应、慧嵬四位师弟一起，从长安出发，向西前行，开始了艰苦卓绝的长途跋涉。

在张掖（今甘肃张掖），他们遇到上智严、慧简、僧绍、宝云、僧景、慧达六人。

这六人，都是志同道合者，于是结伴继续西行。

过了敦煌（今甘肃敦煌），出了阳关，就是让人闻风丧胆的沙河（即白龙堆大沙漠）了。

沙河气候干燥，酷热难当，当大股热风流沙扑来，行人常常被活埋丧命，即使小股热风流沙袭击，也可灼伤肌肤。

法显后来在他的《佛国记》中记录这一段，犹自心惊，称：“上无飞鸟，下无走兽，遍望极目，欲求度处，则莫知所拟，唯以死人枯骨为标帜耳。”

不过，心中有大爱，他们无惧无畏，抱着朝圣取经的神圣使命，勇往直前，甩开两条腿，咬紧牙关，走了十七个昼夜，行程一千五百里，硬是闯出了这片充满着死亡气息的大沙漠，进入了西域诸国中的鄯善国（今新疆若羌），而后又进入了焉夷国（今新疆焉耆）。

焉夷国国民信奉的是佛教中的小乘教，视法显一行的大乘教为异端邪说，很不友好。

法显等人在焉夷国受尽白眼，忍饥受寒，非常狼狈。

智严、慧简、慧嵬三人实在受不了，声称要往高昌（今新疆吐鲁番）筹措行资，脱离了队伍；僧绍则是受了一个西域僧人的蛊惑，改变了信仰，转投入小乘教，跟该僧人去了罽宾（今克什米尔）。

剩下法显等七人，互相对望了望，苦笑了笑，抬头看天，继续鼓起勇气，一路向西，准备横穿塔克拉玛干沙漠。

如果说前面的沙河是人间地狱，那么，这个塔克拉玛干沙漠就是人间炼狱。

热风、流沙、缺水、干旱……样样苦难不比沙河少，因为其沙漠面积太大，无任何植被，造成昼夜温差极大——白天太阳高挂的时候，高温酷暑，如同火烧油煎；而到晚上太阳西沉，又如极地冰冷，感觉身上的血都要冻僵。

法显后来心有余悸地说："行路中无居民，沙行艰难，所经之苦，人理莫比。"

在沙漠中兜兜转转，一共行走了一个月零五天，才走出这片让人绝望的死亡之地。

法显七人回首那一望无垠的茫茫黄沙，泪流满面，稽首号佛，连连高呼："南无阿弥陀佛！南无阿弥陀佛！南无阿弥陀佛！"

他们在西域佛教大中心于阗国（今新疆和田）观看了佛教行像仪式，停留了三个月，养足精神，积蓄能量。临行前，再吃得肚子圆圆的，然后迈步前进，穿过子合国，翻过葱岭，渡过新头河，到达那竭国。

在那竭国，慧景患上了重病。

没奈何，慧达、道整负责留下来照顾他，法显则和慧应、宝云、僧景继续上路。

法显四人经过宿呵多国、犍陀卫国，到达了弗楼沙国（今巴基斯坦

白沙瓦）。

弗楼沙国是北天竺的佛教中心。

宝云和僧景到了这里，已经很满足了，认为这就是目的地了，不再愿意西行了。他们在这里参访了佛迹以后，求取了一些经卷，兴冲冲地打道回国了。

慧应倒是愿意陪法显继续西行，但他的阳寿已尽，大限已到，在这里的佛钵寺病逝了。

没奈何，法显料理了慧应的后事，独自返回那竭国，与道整等人会合。找到道整后才得知，慧达已经一个人去了弗楼沙国，而慧景的病也已经好了。

于是，法显与慧景、道整三人重整旗鼓，一起南度小雪山（今阿富汗苏纳曼山）。

小雪山常年积雪，奇寒无比。

三人爬到山的北阴，大病初愈的慧景体质虚弱，经受不起寒流的袭击，被活生生地冻死了。

法显抚尸痛哭，说："大愿未了，你却中途而逝，奈何奈何！"

就这样，取经队伍由出发时的十一人变成了两人。

这两人互相扶持、相依为命，连爬带滚地翻过了小雪山，到达罗夷国。

然后，一起沐风栉雨，走过跋那国、新头河、达毗荼国、摩头罗国、蒲那河，进入了中天竺境。

他们尽情地周游中天竺，从春到夏，从秋到冬，许多佛教故迹都出现了他们成双成对的身影。

晋元兴三年（404 年），这对身影游到了拘萨罗国舍卫城的祇洹精舍。

传说，这是释迦牟尼传法时间最长的宝地，因此，也被奉为佛教的发祥地。

法显与道整就像初入大观园的刘姥姥，惊奇地打量这里的一切。

这里的僧人听说他们是来自万里之外的东土，不由得嘴唇哆嗦，顶礼膜拜，视为圣僧下凡。

法显两人还到释迦牟尼的出生地迦维罗卫城美美地游览了一番，可惜当时没有手机，不能拍照片，也不能发朋友圈。

法显能做的，就是把此行的见闻如实记录在自己的大作《佛国记》中，希望全世界的人都能读到。

晋义熙元年（405 年），两人到达了佛教最为兴盛的达摩竭提国巴连弗邑。

法显认为，此地僧人的梵语最为纯正，建议住下来，用心向他们学习梵书梵语，抄写经律。

道整举双手同意。

他们在这里一住就是三年。

法显收集到了《萨婆多部钞律》《杂阿毗昙心》《方等般泥洹经》等佛教经典。

道整虽然什么也没收集到，但他已深深地爱上了这里，决定以这里为自己的最后归宿，正式向法显告别。

法显的愿望是要将西天戒律带回祖国，两人道不同不相为谋，法显挥手道别，潇洒转身，像《大话西游》里的至尊宝一样，一个人迈开大步继续前行。

法显孤零零的一个人东游西荡，他游遍了南天竺和东天竺，又在恒河三角洲的多摩梨帝国（今印度泰姆鲁克）写经画佛像，逗留了两年。

东晋义熙五年（409 年）年底，法显恋恋不舍地离开多摩梨，搭乘商舶，渡过孟加拉湾，到达了狮子国（今斯里兰卡）。

在狮子国住在王城的无畏山精舍，法显大有斩获——他求得了《弥沙塞律》《长阿含》《杂阿含》及《杂藏》四部经典。

细细看起来，法显已经在异城飘荡了十二年了。

但是，还不能就此而回，因为，还有北天竺在等着自己去游荡呢。

法显游北天竺所到的第一个国家是陀历，相当于今克什米尔西北部的达丽尔；接着到了乌苌国，其故址在今巴基斯坦北部斯瓦脱河流域；再到宿呵多国，相当于今斯瓦脱河两岸地区。

宿呵多国内有一个地方，传说是如来佛割肉贸鸽处，信徒起有高塔纪念。

法显在那儿盘桓了好些天。

法显就像一条在水里游来游去的鱼，游过了犍陀卫国（故地在今斯瓦脱河注入喀布尔河附近地带），再游过了竺刹尸罗国（今巴基斯坦北部拉瓦尔品第西北的沙汉台里地区）……总算是结束了印度之行。

东晋义熙七年（411 年）八月，法显搭乘商人的大舶，循海东归，在大海中饱经风暴，九死一生，终于在东晋义熙八年（412 年）七月十四日踏上了青州长广郡（今山东省青岛市即墨区）的土地。

青州长广郡太守李嶷听说法显从海外取经归来，立即亲自赶到海边迎接。

法显六十五岁出游，前后共走了三十余国，历经十三年，回到祖国时已经七十八岁了。

在山东半岛登陆后，法显旋即经彭城、京口（今江苏省镇江市），抵达建康。

不用说，法显的最大功绩就是取经和翻译。他携归佛经和翻译佛经有多种，这里就不一一赘述。

而实际上，他所写的《佛国记》对于世界的影响却远远超过了他的翻译对于中国的影响，现在世界上有多种外文译本。

印度古代缺少真正的史籍，印度人要研究古代历史，必须乞求中国古代典籍，其中比如法显的《佛国记》、玄奘的《大唐西域记》和义净的《大唐西域求法高僧传》《南海寄归内法传》等。但《佛国记》的分量最重。

印度的史学家坦承："如果没有法显、玄奘和马欢的著作，重建印度历史是不可能的。"

法显回国后，先在建康道场寺住了五年，后又转到荆州（今湖北江陵）辛寺，元熙二年（420 年）圆寂于此，时年八十六岁。

"仰天长啸"是朝天吹口哨？

啸，是一种似歌非歌、似唱非唱、似吟非吟的喉音艺术，始于商末，盛于魏晋，衰于宋末，现在已经失传了。

清人张潮在《幽梦影》一书中不无遗憾地说："古之不传于今者，啸也。"

对于已经失传了的东西，今人若试图去还原，必然颇费一番思量。

比如说，啸是一种什么样的动作，就让人摸不着头脑。

既然摸不着头脑，就先查查字典吧。

《辞源》对"啸"的解释是："撮口出声。"

《辞海》的解释更为具体和形象："撮口发出长而清越的声音。"

按照这种解释，啸竟然就是吹口哨！

可不是？《汉语大词典》对吹口哨解释就是："撮口吹气发声有如哨音。"

不过，《辞源》《辞海》《汉语大词典》都是近代人的辞典，这样的解释不一定靠谱。

幸好，东汉许慎著的《说文解字》中专门为啸做了注释："啸，吹声也。"

有了这么一条，啸等于吹口哨的结论，似乎就可以坐实了。

1960 年 4 月，南京博物院的考古工作者发掘太岗寺新石器时代遗址，在南京西善桥宫山北麓发现了一座南朝帝王陵墓，墓室砖印壁画上有著名的"竹林七贤"及荣启期画像。

壁画上的阮籍，头戴帻，赤足，侧身而坐，足前有酒壶，左手支皮褥，右手置膝上，右手拇指和小指张开，其余三指屈，拇指伸在唇边，似吮指品酒，又似今人以指做呼哨状。

阮籍是历史上著名的长啸大师。《晋书·阮籍传》记籍“嗜酒能啸”，《世说新语》记“阮步兵啸闻数百步……韵响寥亮”。可以说，啸，是阮籍标志性的东西。现在，阮籍老家河南陈留尉氏人还建有“啸台”来专门纪念他。所以，专家一致认为，阮籍非吮指品酒，而是在啸歌，即以指做呼哨就是啸歌。

这更进一步说明了啸等于吹口哨。

日本学者林谦三考证说：“啸是利用口唇，也就是大家普遍知道的口中卷起舌尖，含住一指或二指而发为高声的技术。此时可以认为口腔与唇，合舌、唇、指而构成了一种笛。在大众欢呼、喧嚷的环境中，最容易发生效果。”

于是，相当长一段时间，不辨真相的人就按啸等于吹口哨来理解古人的啸。

有人还以《诗经》记载的“子之归，不过我，其歌也啸”为例，说歌曲可以用啸的形式来完成，可不就是用口哨来吹奏歌曲吗？

其实，《诗经》里多次提到啸，但啸者多是女性，发啸声多因心怀幽怨。《小雅·白华》中就有“啸歌伤怀，念彼硕人”之语。

在其他记载中也常有提到妇女发啸声，如《古今注·音乐篇》中就说商陵穆子婚后五年无子，将别娶，妻闻之，中夜起，倚户而悲啸。

由此可见，啸通常是用来消除心中不平气的举动。

阮籍在《咏怀》中就有说：“清风肃肃，修夜漫漫。啸歌伤怀，独寐寤言。临觞拊膺，对食忘餐。世无萱草，令我哀叹。”

可见，啸歌因为伤怀而哀叹。

然而，现代人吹口哨，却是多在心情愉悦的时候发出欢快之声。

难道，古代和现代，同为吹口哨，却如此大异其趣？

更难以想象的是，悲情英雄岳飞作：“抬望眼，仰天长啸，壮怀激烈。”以“仰天长啸”的方式来消除心中不平气是可以理解的，但要说成是向天吹口哨，这画面感是不是太滑稽了点？

由此可见，啸绝不应该单纯理解为吹口哨。

前文提到的“啸台”，传说是阮籍和孙登切磋啸术的地方。

阮籍的啸，《世说新语·栖逸》记，可以“声闻数百步”。

孙登的啸能“动地”，气势宏大。

《啸旨·动地章第十》称：“动地者，出于孙公，其音师旷清徵也，其声广博宏壮……呵叱而令山岳俱举。”

《晋书·阮籍传》记载，阮籍去拜访苏门山上隐居的孙登，谈古论今，三皇五代至夏商周的事说了个遍，孙登仰着头，一言不发。

阮籍改说儒家的道德主张、道家养生方法，孙登还是不发一言。

阮籍口干舌燥，长啸一声，准备离去。

孙登说话了：“不妨再啸一声。”

阮籍再啸，清韵响亮。

但孙登又不理睬了。

阮籍无奈下山，行至半山腰，忽听山上众音齐鸣，宛如数部乐器在合奏，林谷传响。

回头看时，却是孙登在山顶发声长啸。

看看，如果是单纯吹口哨，没有声带的震动，声音微弱，缺乏穿透力，传播的距离和传播的范围有限，哪能弄出这么大的动静？

西晋并州刺史刘琨被匈奴人刘渊围困于晋阳，窘迫无计，于月上中天之夜登城楼，怆然清啸。

匈奴兵听了，全部凄然长叹。

刘琨复又吹奏胡笳，匈奴兵思乡之情顿生，一夜之间，撤得干干净净。

唐代有囚犯当受斩刑，在审判定罪之时，发声长啸，啸声上彻云汉。

太守觉得他是个人才，赦免了他的罪过。

古人形容啸声，如龙吟大泽，如虎啸深山，如凤鸣朝阳，如雁叫霜天，如鹤唳晴空，如蝉唱高枝，如万马奔腾，如广漠长风，如惊雷激越……

这，不可能是吹口哨可以达到的效果。

西晋成公绥作有《啸赋》，记载啸的发声是“触类感物，因歌随吟”“音韵不恒，曲无定制”，其啸音是“飘游云于泰清，集长风乎万里”“情既思而能反，心虽哀而不伤”“玄妙足以通神悟灵，精微足以穷幽测深”。

我们知道，口哨发出的声音比较单薄，制造不出这样宏大的气势，也难以表达出大悲的意绪和巨痛的情怀。

还有，《晋书·阮籍传》记载，“阮籍遭母丧，楷弱冠往吊，籍乃离丧位，神志晏然，至乃纵情啸咏，旁若无人”。嵇康在《赠秀才入军五首》中说“感悟驰情，思我所钦。心之忧矣，永啸长吟”。陶渊明《归去来兮辞》中称“登东皋以舒啸，临清流而赋诗”。

可见，啸是可以和吟诗、咏诗、读诗结合在一起的，是为吟啸或啸咏也。吹口哨是没有这个功能的。

另外，中古时期的汉译佛经，如《大萨遮尼干子所说经》卷第二说“复有无量百千诸众，或歌，或舞，吹唇、唱、啸，作百千万种种伎乐”，《四分律》卷第十二说“或笑，或舞，或鼓唇、弹鼓簧，或啸”，从这些文献可见，“吹唇”“鼓唇”（即吹口哨）与“啸”是并列关系，

也就是说，吹口哨与长啸是截然不同的艺术品种。

长啸既不是吹口哨，有人就将之理解为大声呼喊，一如电影中猿人泰山驱赶百兽时发出的喊声。单纯的呼喊，谈不上什么音乐性，这又岂是追求风骨、追求谈吐的魏晋名士引以为豪、引以为傲的东西？

清王士祯在《池北偶谈》里曾万分艳羡地说，自己有族叔，美如冠玉，性聪悟，“尤能曼声长啸，响震林木。崇祯壬午年死于兵”。字里行

间，充满惋惜。

诚然，一个擅长几近失传的音乐发声方法的人死去，的确让人惋惜；若是只如猿人泰山一样嘴里发出轰轰哈嘻之类呼声的，何惋惜之有？

《世说新语》中说，刘道真少时善歌啸，闻者流连。

啸声如歌，能令人沉醉。

但啸声又不是普通的歌唱。《啸旨》中说：夫气激于喉中而浊，谓之言；激于舌而清，谓之啸。

啸到底是怎样的一种音乐艺术，众说纷纭，但绝不是轻佻地吹口哨！

嵇康死前悲叹《广陵散》成绝响，为何《广陵散》现在仍在世间流传？

嵇康与阮籍、向秀、山涛、刘伶、阮咸、王戎号称“竹林七贤”。

这七人之中，嵇康风度最为出彩，为一世之标。

《世说新语·容止》对嵇康的描述是：“身长七尺八寸，风姿特秀。”

《晋书·嵇康传》的评语则是“龙章凤姿，天质自然”，还描写“康尝采药游山泽……时有樵苏者遇之，咸谓为神”。

一句话，嵇康气度翩翩，丰神秀朗，飘然宛若画中仙人。

南京西善桥南朝墓出土有模制嵇康画像砖，画像中的嵇康席坐抚琴，气宇轩昂。

嵇康一代奇才，“学不师受，博览无不该通”，极富音乐天赋，精于笛，尤妙于琴，其创作的《长清》《短清》《长侧》《短侧》四首琴曲，被称为嵇氏四弄，与蔡邕创作的蔡氏五弄合称九弄。隋炀帝曾把弹奏《九弄》作为取士的条件之一，足见成就之高。

在生命终结前一刻，嵇康最牵挂不舍的还是自己的琴，他端在高高的刑台上，面对成千上万前来送行的人，“神气不变”，从容奏响最后的《广陵散》，琴声铮铮，曲调悦耳，铺天盖地，直击人心。

他所弹的琴，是他的一生至爱。

为了买到这张琴，他卖去了东阳旧业，并专门向尚书令讨了一块河轮佩玉，截成薄片镶嵌在琴面上当琴徽。还用玉帘巾单缩丝制成琴囊，藏匿若珍，秘不示人。

在他的心里，这张琴万金不换。

曾经好友山涛想乘醉剖琴，嵇康立即以生命相胁。

这次，在刑台上，已是最后一次弹奏这张琴，最后一次弹奏《广陵散》。

曲终，嵇康慨然长叹："袁孝尼尝请学此散，吾靳固不与，《广陵散》于今绝矣！"

嵇康之死，"海内之士，莫不痛之"。

从此，嵇康的名字就与《广陵散》联系在一起，密不可分。

但是，嵇康所慨叹的"《广陵散》于今绝矣"，并不是说《广陵散》的曲谱已经绝传，而是叹息由自己弹奏《广陵散》的技法没能传承。

那么，《广陵散》的来由是怎么样的呢？嵇康是怎么学会它的呢？

有三个流传极广的说法。

其一，据《晋书》记载：嵇康尝游会稽，宿华阳亭，引琴而弹。忽客至，自称古人，与谈音律，辞致清辨，索琴而弹曰："此《广陵散》也。"声调绝伦，遂授于康，誓不传人，不言姓而去。

其二，陕西潼关隋朝皇家大墓中出土文物葛洪遗书中有一篇《嵇中散孤馆遇神》，其说法为：嵇康精于笛，妙于琴，善音律，好仙神。尝游天台，遇谷中女巫。神巫曰："见先生爱琴，吾另有《广陵散》相赠。此乃天籁之音，曲中丈夫也，不可轻传。"康问："何人所为？"对曰："广陵子是也。昔与聂政山中习琴，形同骨肉也。"康恍然大悟，恭请神女赐之，习至天明方散。

其三，《太平广记》三百十七引《灵鬼志》记：嵇康灯下弹琴，邀前代乐鬼共论音声之趣，弹《广陵散》，从受之。

不难看出，这三则传说都有一个共同点，即《广陵散》不是凡人所谱写出的作品，而是来自鬼神，亦即是说此曲只应天上有。

传说总是很酷的，但现实却很残酷，也很平庸。

据刘籍《琴议》记载，嵇康其实是从杜夔的儿子杜猛那里学得《广陵散》的。嵇康喜爱此曲，经常弹奏，却无论谁提出求教，均拒不传授，包括他在刑前提到的袁孝尼。

袁孝尼是他的外甥，传说袁孝尼向他求学此曲不得，便暗暗地偷学，并记下了曲谱，使之得以流传。

此说不当，《广陵散》又叫《广陵止息》，萌芽于秦、汉时期，其名称记载最早见于汉代应璩《与刘孔才书》“听广陵之清散”。有学者和民俗学家考证过，《广陵散》不仅可弹奏于琴，还可以用筝、笙、筑等乐器演奏，流传很广，并非袁孝尼偷学心记才能得到。

晚于嵇康的潘岳在《笙赋》中还曾提道：“辍《张女》之哀弹，流《广陵》之名散。”当知嵇康死后，该曲仍在民间流传。

不过，到了唐代，李良辅收录的《广陵止息谱》只有二十三段；同一时代人吕渭收录的《广陵止息谱》则有三十六段。

宋代郭茂倩编《乐府诗集》时把它归为楚调曲。

现在见到的古本最早收在明人朱权的《神奇秘谱》里，全曲共四十五段：开指一段、小序三段、大序五段、正声十八段、乱声十段、后序八段，是现今用于演奏的本子。

另外，明代汪芝在《西麓堂琴统》中还收有两个本子，称甲、乙本。

《广陵散》早期并无内容记载，唐韩皋主张“地名说”，认为描写的是王凌在广陵（扬州古称）起兵讨伐司马氏，结果失败的悲壮史事。元代张崇主张“刺客说”，认为是描写刺客聂政的。

蔡邕所著的《琴操》中虽然没有“广陵散”字样，但却有《聂政刺韩王曲》的详细解析，说战国人聂政的父亲为韩王铸剑，误期被杀，聂政为报杀父之仇，“去入太山，遇仙人，学鼓琴，漆身为厉，吞炭变其音，七年而琴成”，化装为琴师，借为韩王奏琴之机刺死韩王，随后壮烈自杀。

现在多数琴家也按照聂政刺韩王的民间传说来解释《广陵散》，认为它与古琴曲《聂政刺韩王曲》是同曲异名。

最后补一笔，今人能欣赏得到《广陵散》，最关键的人物就是上文提到的明朝人朱权。

这个朱权可不是普通人，乃是明太祖朱元璋第十七子，一生充满传奇：少年封藩，戎马十年；中年韬晦，寓身学术；晚年学道，托志翀举。以道养生，以道治心。

朱权早年封宁王，带有甲兵八万、战车六千，藩地为大宁，地处喜峰口外，属古会州之地，东连辽左，西接宣府。朱权多次会合诸王出塞作战，以善于谋略著称。

燕王朱棣篡位后，朱权隐道自保，醉心于编纂古琴谱集。《广陵散》就收集在其代表作《神奇秘谱》上卷《太古神品》之中，并附有详尽的题解，对琴曲的渊源演变情况和乐曲的表现内容都做了介绍，并详细标识了段落、指法、音位等。

潘安古尸容貌复原了吗？专家说是，却疑点重重

如果搞一项民意测试：中国古往今来最帅的美男子是谁？

得票数最多的估计是潘安。

虽然投票的大家都没见过潘安本人，但自西晋以来，文人墨客对潘安容貌的赞美那是犹如滔滔江水，连绵不绝，则潘安之美，已成定论。

潘安既然这么美，那又美到了什么程度？大家只看文学作品的渲染，靠脑子充分发挥想象。

在这想象过程中，我担保，几乎每一个人都产生某种窥探欲，恨不

得穿越上一千七百年，回到西晋的洛阳街头，一次性把潘安看个够。

穿越时空虽然不现实，但随着科技发达，考古装备的日益完善，现代人要看到潘安的容貌，似乎也不是不可能的事。

毕竟，现在的古尸容貌复原技术已经相当成熟和先进了。

这不？近来网络上风传起一张潘安古尸容貌复原图。

可真甭说，图片上的男子双眉带彩，二目有神，鼻秀高挺，嘴角带笑，棱角分明，英气逼人，却又不失儒雅俊秀之风采。

据相关文章介绍，这幅图片是由著名历史学家、人像画家、电脑制作人员组成的科研小组日夜攻关，通过现代科技神奇还原的作品。

文章中还说："科研小组的组长，沈诚博士兴奋地宣布：'我们可以有信心地告诉全社会，这个还原的潘安的容貌，百分之九十九符合历史上真人的外观！'"

但凭良心说，虽然这张潘安古尸容貌复原图是一个帅哥，却远没我们想象中的惊艳。

看看史书上都怎么描写和形容潘安的美的吧。

《晋书·潘岳传》记载："（潘）岳，美姿仪。"

《文心雕龙》则写道："潘岳，少有容止。"

潘安名潘岳，字安仁，之所以被后人称为潘安，河南大学文学院教授王利锁说，古代文章比如骈体文和诗歌，为了对仗押韵，把仁字给省略了。但民间说法却是，因潘安曾侍奉中国历史上最丑最荒淫最无耻的皇后贾南风，德行操守愧对"仁"字，因此后人省略一字，只称"潘安"。中牟县史志办的王曜卿则考证，历代诗词中，首次使用"潘安"者是唐代杜甫的《花底》诗："恐是潘安县，堪留卫玠车。"

南朝宋文学家刘义庆写《世说新语》，在《容止第十四篇·七则》里写得最有趣，说："潘岳妙有姿容，好神情。少时挟弹出洛阳道，妇人遇者，莫不连手共萦之。"

即潘岳长得姿容秀美，神气清朗，少年时拿着弹弓走在洛阳大道上，

女人们见了，无不手牵着手，把他围起来观看。

刘孝标注引《语林》：“安仁至美，每行，老妪以果掷之满车。”

这个记载更过分，潘安乘车出行，老妇人见了，纷纷投掷水果，以示爱意，以至于潘岳回家，总是满载而归——这就是成语“掷果盈车”的来由。

……

看看，潘安之美，是足以令无数陌生女子一见便倾心，忘形失态，做出超越礼数的举止行为来的。

现在的女子看潘安古尸容貌复原图，应该还没有冲动到这种地步吧？

魏晋文学专家、中国社科院文学研究所研究员徐公持先生说，潘安的美，是有他的时代背景的。他生逢其时，生在一个尚美时代，《世说新语》又把他写得非常突出，因此被抽象成了一个超级大帅哥。

台大中文系教授张蓓蓓说，魏晋时期正如今天，进入一个解构的时代，汉朝四百年的秩序一夕崩解，各种惊世骇俗的现象出现，当时品评人物的眼光非常开放多元。

南开大学的罗宗强教授说，西晋士人心态的一个重要方面是审美情趣的雅化，审美标准崇尚秀丽。

的确，魏晋时代，根本就是一个看脸的时代，是一个“文学的自觉和人的自觉”的时代，自然美与人格美同时被发现，人们沉醉于对人物的容貌、器识、肉体及精神的美，形成“中国历史上最有生气、活泼爱美，美的成就极高的一个时代”。

在那个时代，一批批或深具或深醉自然美与人格美的美男子被讴歌，《世说新语·容止篇》共写了三十九篇关于帅哥的文章，记录的美男子有：夏侯玄、嵇康、王衍、潘岳、夏侯湛、何晏、二陆、张华、郭璞、刘琨、谢灵运、范晔……

相貌丑陋或不佳，则会被人鄙视和讥笑。

如上面提到的《世说新语·容止第十四篇·七则》“潘岳条”还有

下文：“左太冲绝丑，亦复效岳游遨，于是群妪齐共乱唾之，委顿而返。”

左太冲即左思，著名文学家，写《三都赋》而引出“洛阳纸贵”轰动效应的那位，他东施效颦，学习潘安到洛阳城外大道游走，遭到女人们拦截吐唾沫，郁闷而归。

与左思遭遇相同的还有名重一时的文学家张载，“载甚丑，每行，小儿以瓦石掷之，委顿而返”，就因为长得丑，出门都被顽童掷瓦石，这不是看脸的时代又是什么？

所以，潘安之美，可能真的就是潘安古尸容貌复原图上的样子，即沈诚博士说的“这个还原的潘安的容貌，百分之九十九符合历史上真人的外观”，它虽然没能引起现代女性内心的躁动，却足令让那个看脸时代女性为之癫狂。

但话说回来，沈诚博士真能保证潘安古尸容貌复原图上的样子“百分之九十九符合历史上真人的外观”吗？

要知道，潘安墓的下落还一直是个谜啊。

现在潘安故里中牟县城关镇大潘庄村游乐园一角，有潘安墓、纪念碑、纪念亭，这些全是在1996年一口气建起来的。

其中的潘安墓准确地说只是一座招魂墓——潘安是被诬陷叛乱而枉死于几百里之外的洛阳的，家乡的人建立这样一个墓是希望他的魂魄得到安息。

也由于历史界对潘安的一生还存在有很大的争议，所以这墓并没有像一般的墓那样竖立墓碑，而是立起一块形状玲珑色彩暗红的天然巨石，上面题写了“潘安墓”几个大字。据说，摸了这块石头的男孩子会长得更好看、文才更好，因此被来来往往的男人摸得油光可鉴。

关于潘安真正的墓地，由于潘安死于谋逆大罪，没有人敢给他收尸。过了一年多，潘安的侄子潘尼才在堆积死犯乱尸骨的坟里将疑似潘安的尸骨运回河南省巩义市，安葬在潘安父亲的坟墓旁边。

这个说法，是得到中华书局原总编辑傅璇琮先生的认同的。

傅璇琮先生在《潘岳系年考证》中说，中牟是指潘岳的郡望，他童年随父在巩义市，少年即到洛阳。潘岳在故里未留下什么遗迹。潘岳父亲的坟墓在巩义市西南三十五里罗水流经处，潘岳本人也葬于此，潘岳在诗文中多次表示这个地方是他的归乡。

清乾隆五十四年本《巩县志》卷十六、十七中也记载："晋潘芘墓《水经注》：罗水又西北经袁公坞北，又西北迳潘岳父子墓，有碑。岳父芘，琅琊太守，碑石破落，文字缺败。"

看来，潘岳的坟墓就应该是在巩义市西南三十五里罗水流经处了，但不能确定潘尼从洛阳运回的就是潘安的真尸骨。

1984 年，巩义市文物管理所的工作人员就声称在该市西南芝田镇北石村村委南两公里处发现潘岳墓，地处坞罗河北岸台地上，北距 310 国道两百余米。墓冢坐落在大片农田中，无地面建筑，仅存潘岳墓冢，墓冢高六米，周长三十八米，分布面积一千平方米。

不过，巩义市文管所的刁延昭先生坦承，巩义市是传统的交通要道，两京锁钥（指洛阳和开封），潘岳同其父之墓在巩义市芝田镇，那儿是罗水和漯水交汇处。现保留下来的只有一座土冢，土冢没有打开过。因为没了碑记，并不能确认是潘岳的还是他父亲的。

刁延昭先生的话真让人倒吸一口冷气，如果这座土冢是潘岳父亲的墓，那么，专家能复原的只是潘岳父亲的容貌吧？

这里有一个小问题，无论是潘岳还是潘岳父亲，离世时都是五六十岁的老年人，古尸复原的容貌应该停留在死前状态才更能"百分之九十九符合历史上真人的外观"吧？

话说回来，复原的即使不是潘岳而是潘岳父亲的容貌，好歹都还能满足人们的幻想。

最残酷的事实是：潘安故里中牟县城关镇大潘庄村的人坚称潘安墓是在县城西北三公里处，但中华人民共和国成立前已经被黄河淹没掉了，潘安的墓已经不存在了，则潘安的尸骨也早在河底无觅处了！

村里上了年纪的老人都说，从建村以来，那儿就是潘姓家族的祖坟。

大潘庄老村民潘绍卿有根有据地说："过去我听父亲潘玉成说过，潘岳墓确实在村西北贾鲁河里，我父亲年轻时曾潜水站在墓顶上，手举一根一丈多长的芦苇，苇尖刚露出水面。他也从墓顶上揿掉过一块大青砖。"

大潘村妇女主任衡秀萍则说，自己的公爹潘永增在世时，经常讲遭遇潘安墓的故事。1938 年 8 月，中牟大水过后，仍有大片的水坑积存。由于天气炎热，十三岁的潘永增经常到村里西侧（原中牟农校）的一个水坑里洗澡。仗着自己水性好，潘永增经常扎猛子下水。一次，扎猛子时，头碰到了一个硬邦邦的东西，用手摸时，发现上面是一块块长满青苔的砖，但是比普通的砖要大得多。回到家后，潘永增告诉了村里人自己的"奇遇"。老人们由此断定，潘安墓就在村西北的河里，潘永增碰到的肯定是潘安墓。

实际上，1993 年编的《中牟县志》就记载，在县城西北三公里处有潘安墓，那里原是贾鲁河故道河堤南侧，因年深日久，历经多次黄河泛滥冲刷，墓室沉入河底，被冲成了两丈多深的大水潭。墓室是用青砖砌成，清末，村里有个叫潘龙蛟的武秀才，为寻墓中宝物，曾潜入水底，没找到什么宝物，只捞出一块一尺多长的石碑，碑上刻有"潘岳之墓"的字样。

现在，中牟县档案局主管县志整理工作的徐元说，潘安墓究竟在什么地方，历史上说法不一，但主要有三种说法：一说是在县城西北三公里处，即《中牟县志》所采取的说法；第二种说法是，潘安墓在县城西三里处的一个大土丘上，人称单冢，内有石床，但现在已无据可考；第三种传说是，潘安死后为防人盗墓，建了两座坟冢，单冢是潘安的疑冢，潘安真正的墓址所在，没有人知道。

但愿沈诚博士等人精心制作出来的潘安古尸容貌复原图，是确保在

真的潘安墓中发掘出的潘安本人的尸骨的基础上还原出来的，否则，真是个大乌龙了。

 月下清啸退敌的大英雄，其墓室竟如此简陋

中国风流名士以魏晋最多，最为著名。

而众多名士中，最具英雄本色、最具豪杰色彩的，当数刘琨。

要说，桓温也是个大人物了，目空四海，不把天下英雄当回事儿，偏偏视刘琨为自己的偶像，崇拜到了极点。

桓温北伐回师，途中遇一位老妇人，自称是刘琨的早年侍女。

老妇人见了桓温，眼泪就止不住哗哗哗往下流。

桓温一下子蒙了，我没招你没惹你，为什么见了我就哭？

老妇人抹了抹眼泪，说：看到了你，让我想起了刘司空。

唔？桓温立马来了精神，赶紧束衣整容，连声说：你看我是不是和刘司空有几分相像？

老妇人止住哭，仔细打量一番，异常认真地说道："你的脸型有几分像，却多了些小家子气。你的眼睛也有几分像，却少了些神采。你的胡子也有几分像，可惜发红发暗。身形也有几分像，偏偏矮了点。声音也很像，但为什么带有娘娘腔？"

扎心了！

听了老妇人的话，桓温无比失望，难过地脱去衣帽，钻进居所，神伤了好几天。

现在，我们所用的成语中，有好多是与刘琨相关的。

比如：闻鸡起舞、枕戈待旦、先吾著鞭、多难兴邦、志枭逆虏、清啸退敌、泣血宵吟、扼腕长叹、国破家亡、破涕为笑、力不从愿、首尾狼狈、敦诗悦礼、因缘际会、殷忧启圣、因败为成、以功补过、负楯以耕、属鞬而耨、殒身死节、神色怡如、抚剑吟啸，等等。

刘琨的家乡在河北无极县，上述成语有好几个都镌刻在无极县闻鸡起舞碑廊。

刘琨和祖逖早年在洛阳一同担任司州主簿，为报效国家，日日早起，闻鸡起舞，练习剑法。

两人惺惺相惜，祖逖对刘琨说："如果海内鼎沸，豪杰并起，吾与足下当相避于中原耳！"

后来刘琨出任了并州刺史，听说祖逖挥师北伐，无比振奋，对身边人说："吾枕戈待旦，志枭逆虏，常恐祖生先吾著鞭。"

刘琨，就是这样一个意图力挽狂澜，拯救国家于分崩离析的孤胆英雄。

卢谌向晋元帝上表称："自河以北，幽并以南，丑类有所顾惮者，唯琨而已。"

后世史家也叹息说："越石区区，独御鲸鲵之锐，推心异类，竟终幽圄，痛哉！"

刘琨和鲜卑人段匹磾结盟，"推心异类"，最后被段匹磾所杀。

刘琨和段匹磾结盟的盟坛在今河北廊坊市霸州市信安镇，据说，刘琨死后就葬在广阳区桑园村。

现在的桑园村村民说，西晋时，这里是没有村庄的，只有一座点将台，名叫楼橹，旁边是大片的桑林。段匹磾杀害刘琨后，将之葬于楼橹点将台下。部下在此为他守墓，后来形成了村落，名字就叫楼桑。

何意百炼钢，化为绕指柔！

刘琨匆匆留下了空让后人嗟呀叹息的绝笔书，血洒荒丘，魂归天国。

村民们说，二百余年前，刘琨墓碑还矗立在神道滩一片浅草之中，现在已经找不到了。

是吗？刘琨真的是埋葬在广阳区桑园村吗？

1997 年 3 月，北京市石景山区文物管理所在八角村西北部清理了一座砖室墓。

该墓为前、后双室结构。

墓门为石制，一左一右两扇。

石门上有画像，上部刻执戟武士，下部刻三角纹。

前室北侧壁建一石龛，令人惊奇的是，石龛前斜躺的男性骨架基本完整，身高一米七左右。

专家经过深入研究，最后断定：八角村墓墓主人为遇害于蓟城的西晋并州刺史刘琨！

特别要说明的是，该墓为二次改葬墓，石龛为段部鲜卑单于供奉的祭龛。

想不到，曾经闻鸡起舞的翩翩少年，一度月下清啸退敌的大英雄，他的墓室竟如此简陋，简陋得让人心酸。

此地村民有金发黄胡子特征，祖上是燕国鲜卑慕容氏

姑苏慕容是金庸武侠小说《天龙八部》里面描写的一个神秘家族。

该家族定居于江南姑苏燕子坞参合庄，以擅长众家之武学而闻名中原武林，世代传人均为顶级武功高手，是武林中一股重要势力。

此外，最重要的是，这个家族的真实身份乃是十六国时期鲜卑燕国皇族慕容氏余脉，即所谓天潢贵胄。

慕容氏居所燕子坞的“燕”，就隐藏了燕国的“燕”字；他们的宅院参合庄，就暗示后世子孙念念不忘那场与北魏拓跋氏展开的、导致后燕慕容氏迅速衰败的参合陂之战……

小说中明确交代，与乔峰齐名的慕容复随身携带的《大燕皇帝世系谱表》中记述有列祖列宗：太祖文明帝讳皝、烈祖景昭帝讳儁、幽帝讳暐、世祖武成帝讳垂、烈宗惠愍帝讳宝、中宗昭武帝讳盛、昭文帝讳熙等帝王。

实际上，以国号为“燕”存立的国家，除了慕容皝、慕容儁、慕容暐三代传承的前燕，慕容垂、慕容宝、慕容盛、慕容熙四代传承的后燕外，还有前秦崩溃时从长安逃亡出的西燕、篡夺后燕的北燕、前燕的余脉南燕及汉人冯跋创立的北燕。

除去汉人冯跋创立的北燕不提，其他的燕国都是鲜卑族慕容氏在乱世中纷争幻灭的结果，其兴也勃，其亡也忽。

刘裕平灭南燕后，想到当年苻坚灭前燕却未将慕容氏断草除根，致使慕容氏总是死灰复燃，播乱天下，因此吸引前车之鉴，下令将所有姓慕容的人尽斩于南燕都城广固城下，一了百了。

鲜卑慕容氏由此完全退出了历史大舞台。

按照史书记载，鲜卑慕容氏已经灭种灭族，姑苏慕容氏的出现，不过是小说的虚构，读者没有必要深究，只管搬板凳坐定看戏就行。

然而，让人想不到的是，广东高要白土镇幕村、大旗村等村落，群居有南燕慕容氏后裔。

幕村党支部书记慕容瑞湖珍藏有世代相传的《慕容氏大宗族谱》。按照《慕容氏大宗族谱》的记载，在刘裕灭燕之祸中，小部分慕容氏人躲过了杀戮，不断向南迁徙，唐宋时期迁徙到华南各省。元朝末年，慕容氏中有人投入朱元璋的队伍，帮助朱元璋夺取了江山。但朱元璋是个可共患难、不可共富贵的人，他做了明朝开国皇帝后，展开了有计划的屠杀功臣活动。慕容氏功臣见机得快，纷纷改名换姓，逃避追杀，有的改姓慕，有的改姓容。

慕容瑞湖说，他们的始祖慕容绍奕是在明朝洪武五年（1372 年）迁徙到现高要蛟塘镇金鸡村的。大概过了一百年，部分慕容氏后人迁到白土镇幕村居住，后又有分支迁往大旗村。现在，肇庆市的端州、高要、广宁、怀集等地都有慕容氏人居住。但人丁最兴旺、居住最集中的，还是高要白土镇幕村、大旗村，这两个村加起来，共有五千多人姓慕容。

东晋鲜卑人最显著的特点就是金发黄胡子，具有白种人的相貌特征。

唐代诗人张籍写《永嘉行》咏西晋灭亡史事，开篇即是："黄头鲜卑入洛阳，胡儿执戟升明堂。晋家天子作降虏，公卿奔走如牛羊。"

苏轼在观赏唐人韩干的画时赋诗，其中有："赤髯碧眼老鲜卑。"

即鲜卑人最明显的相貌特征就是"黄头"。

《世说新语·假谲》载王敦称晋明帝为"黄须鲜卑奴"，指称其相貌特征是"黄须"。注引《异苑》所载王敦语作"黄头鲜卑奴"，并加以解释："帝所生母荀氏，燕国人（鲜卑人），故貌类焉。"明确指出晋明帝的相貌与其母族相近，由此可见鲜卑人遗传基因的强大。

现在幕村的慕容氏人虽然不断与汉人通婚，但强大民族遗传基因的作用，他们当中许多人仍然保持着北方鲜卑人的体貌特征。

慕容瑞湖和其兄慕容瑞潮，就天生黄发、眼眶深凹、鼻梁高挺。

此外，幕村其他慕容氏人与附近村庄的汉人相比，大都显得高大、强悍，皮肤白皙、鼻梁高挺、眼珠近黄色。

慕容氏人也都知道自己是鲜卑人的后代。辽宁省社科院史学专家也来做过严谨的考证，证明高要复姓慕容的村民就是古代北方鲜卑人的后代，祖先曾经是燕国皇帝。

国宝《平复帖》真的是陆机的作品吗？

《平复帖》纵 23.7 厘米，横 20.6 厘米，不足一张 A4 纸大，只有短短九行八十四个字，却于 2012 年被估价值为八亿八千万元，相当于一个字就有一千多万，让人咋舌。

实际上，以不懂书法的人的眼光看，可谓满纸狼藉，举目"火箸画灰，连属无端"，并没有特别的美感。

近代书法界的泰斗人物启功先生虽然奉《平复帖》如金圭玉臬，但也从来不临摹《平复帖》。

那么，《平复帖》的价值为什么这么高呢？

最大的原因，它被称为“传世第一帖”——通过对纸张形制等的考证，以及从字体结构判断，可以百分之一百确定其为晋人手写真迹，实乃迄今为止存世最早的文人书法之一。

还有，其书法介于章草与今草之间，是章草向今草过渡的“活化石”，可以充分反映出中国书法由古体向今体过渡变革时期的真貌。

明代董其昌因此称之为：“盖右军以前，元常以后，唯存此数行，为希代宝。”（注：右军，说的是东晋王羲之；元常，说的是三国钟繇）

另外还有一个重要原因，它出自名人陆机之手。

说起陆机，很多人是从中学教材《周处除三害》中那一句“始知人患己之甚，乃入吴寻二陆。时机不在，见云，具以情告……”得知，周处时代的东吴有叫陆机和陆云的大文学家。

实际上，陆机、陆云都是非常牛的人，他们是同胞兄弟，共有一个比他们更牛的父亲，也共有一个比他们父亲更牛的爷爷。

他们的爷爷，就是在夷陵之战中火烧八百里连营，大败蜀汉皇帝刘备的孙吴大将陆逊！

他们的父亲，就是被誉为吴国最后大将的陆抗！

《世说新语·方正第五》有一则记载，说成都王司马颖的主要智囊卢志是东汉大儒卢植的曾孙，这卢植也是一个很厉害的牛人，他有一个特殊的身份——刘备和公孙瓒等人的老师。卢志的父亲是卢珽，卢珽的父亲是卢毓，卢毓就是卢植的幼子。某次宴会，卢志当着众人的面问陆机：“陆逊、陆抗是君何物？”陆机回怼说：“如卿于卢毓、卢珽。”由于卢志是司马颖手下红人，陆云有点害怕，悄悄提醒兄长说：“兄长何至如此，或者真是不知道呢？”陆机正色说：“我父、祖名播海内，他岂有不知，鬼子敢尔！”

陆机、陆云兄弟都是“少有奇才，文章冠世”，被誉为“太康之英”，人称“二陆”。

“二陆”与顾荣在一起，又并称为“洛阳三俊”。

陆机兄弟于太康十年（289 年）莅临洛阳，文才倾动一时，时有“二陆入洛，三张减价”之说。（注：“三张”指当时洛阳的三个文坛领袖张载、张协和张亢）

西晋的政治家、书法家张华这样评价陆机：“人之为文恨才少，而机患其多，至有见文而自欲弃其所学。”

陆机兄弟后来在大富豪石崇的金谷园里与潘岳、贾谧等诗酒唱和，人称“金谷二十四友”。

其中的潘岳和陆机同为西晋诗坛的代表，共同引领“太康诗风”，人称“潘江陆海”。

陆机不是将才，也不是政治家，缺乏政治眼光，这一点，是致命的。

他在“八王之乱”中辨不清形势，傻乎乎地在赵王司马伦掌权时当上了相国参军，并在司马伦篡位时受伪职。以至于司马伦垮台后，差点被处死，全赖成都王司马颖搭救，才得以身免，从此依附于司马越，为平原内史，世称陆平原。司马颖也是个野心勃勃的问鼎之主，他在与长沙王司马乂斗争中，任陆机代理后将军、河北大都督，率领二十万大军出征。

结果，陆机大败于七里涧，最终遭谗遇害，被夷三族。

想想看，《平复帖》既是晋人最早的墨迹，又原版纸质真迹，而且还是出自陆机这样一个大名人之手，可不是绝世之珍品？

不过，《平复帖》上并未署名款，且年代久远，字迹斑驳，难以考证，凭什么说它就是出自陆机之手呢？

虽说通过科学鉴定，《平复帖》成书于西晋无疑，但一直默默无闻。直到唐朝末年，突然从收藏家殷浩手中流出，转存到了王溥家。在王家收藏了三代之后，被李玮买了去。李玮逝世后，进入了宋御府。

殷浩、王溥、李玮等人并没说这个帖叫什么帖，也没有说这个帖是陆机所写，但书画家皇帝宋徽宗赵佶见了这个帖后，也不知道以何为依据，即用泥金笔写上了“晋陆机平复帖”书签，下面还郑重其事地钤双龙小玺，另有“政和”“宣和”小玺，拖尾骑缝处还签上“政”“和”连珠印。

宋徽宗把这个帖称为《平复帖》，是因为帖的开头有“恐难平复”字样，取其中“平复”二字。

这么说来，把这个帖称为《平复帖》其实是不妥的，人家说“恐难平复”，就是“恐怕不能平复”的意思，您又冠以“平复”之名，不是反其意而为吗？

但帖的名称，只是一个代号，并不影响其价值。倘若宋徽宗取“恐难平复”中“恐难”二字称之为“《恐难帖》”，也没有任何不妥。

问题是，宋徽宗凭什么说这是“晋陆机”写的呢？

无怪有专家发牢骚说，宋徽宗说《平复帖》是陆机的作品，那大家都认为《平复帖》是陆机的作品；如果宋徽宗说《平复帖》是陆云的作品，那大家必定也都认为《平复帖》是陆云的作品了；如果宋徽宗说《平复帖》是张芝的作品，那大家也一定都认为《平复帖》就是张芝的作品。一句话，宋徽宗说是谁就是谁。

不过，早在明代时，也曾有人把这幅号称“法帖之祖”的墨迹推断为陆机之弟陆云或更早一些的汉代张芝的作品，但缺乏确切的证据。数百年来，学者都沿袭宋徽宗的说法，把《平复帖》说成是陆机的作品。

既然都先入为主地认为《平复帖》是陆机的作品，那么，对帖中内容，大家都情不自禁地往陆机身上套。

《平复帖》是写给一个身体多病、难以痊愈的友人的一个信札，上面都写了些啥呢？

老实说，上面的字并不好认。

现在，大家都是采用书坛泰斗启功先生的注释来理解。

其释文为：彦先羸瘵，恐难平复，往属初病，虑不止此，此已为庆。承使唯男，幸为复失前忧耳。吴子杨往初来主，吾不能尽。临西复来，威仪详跱。举动成观，自躯体之美也。思识量之迈前，势所恒有，宜称

之。夏伯荣寇乱之际，闻问不悉。

按启功先生的释文，此帖大意为：彦先患了很重的肺痨，身体虚弱得厉害，要想恢复健康恐怕很难了。以往初病的时候，没有考虑到病情会发展到如此严重的地步，但还未危及生命，这也算是一件幸事了。这个唯一能够继承家业的男子，兴许能够恢复健康，但谁也说不清楚，前些时还忧虑着呢。吴子杨初次来见，我怠慢他了，等我要往西方远行的前几天，吴子杨又见到我，他穿戴整齐，仪表堂堂，浑似一个美男子，思索着此前见到吴子杨而产生爱意。按照原来执行的恒定规矩，吴子杨是可以使用的称职之人。至于夏伯荣，在寇乱之中没有听到他的消息。

帖文的意思，大致如此。

来看大家是怎么把帖中内容往陆机身上套的吧。

他们说，“彦先羸瘵”中的“彦先”，就是与“二陆”并称为“洛阳三俊”的顾荣！

查《晋书·顾荣传》，里面赫然有“顾荣，字彦先，吴国吴人也”的字眼。

这恐怕就是宋徽宗把《平复帖》说成是陆机的作品的最大依据。

但是，在陆机的朋友中，表字为“彦先”的人，除了顾荣，还有贺循和一个姓全的人。

要说“彦先羸瘵”中的“彦先”是顾荣，还不如说他是贺循比较合适。

因为查顾荣相关记载，并没有提到顾荣身体不好，长年累月生病不愈的情况，反而《晋书·贺循传》里记载有“循有羸疾”的字眼。

但贺循卒于东晋元帝太兴二年（319 年），比陆机晚死十六年，不像是《平复帖》里那个将死未死，挣扎于病榻的人。

当然，也可以认为这个“彦先羸瘵”中的“彦先”就是另外一位姓全的全某。

反正怎么说都行。

但是，20 世纪 80 年代，著名书法家曹宝麟先生写了一篇《陆机〈平复帖〉商榷》，着重通过“夏伯荣寇乱之际，闻问不悉”中“寇乱”一词进行分析，认定晋人所言的“寇乱”，指的就是“永嘉之乱”，而陆机在永嘉之乱前九年即已被杀身亡，即《平复帖》的作者不可能为陆机。

说到底，曹先生这一依据终究太薄弱，经不起推敲，但他的当头棒喝，也喝醒了许多人，给大家打开了一扇窗：不要盲从古人。

谢光辉、徐学标两位专家受曹先生启发，从另一个研究方向入手，紧扣《平复帖》中所提到的三个人物：子杨、彦先、夏伯荣——尤其是子杨，展开深入研究。

谢、徐两位先生觉得，帖中第四行首字（也即“子杨”前一字）墨迹剥落，仅下半部分依稀可辨。从草法上来看，与启功先生所释的“吴”墨迹不符，应该释为“侯”才妥。

两位先生的理由是，根据草法，“吴”字就不应该有左下突出的一撇，该字右下方竖画中间的折笔释为“侯”比较合适。

而且，遍查史书，晋代没有叫“吴子杨”的，却有叫“侯子杨”的。

“侯子杨”是谁呢？

《晋书·石季龙载纪上》载：安定人侯子光，弱冠美姿仪，自称佛太子，从大秦国来，当王小秦国。易姓名为李子杨，游于鄠县爰赤眉家，颇见其妖状，事微有验。

即侯子杨原名侯子光，曾改名为李子杨，在后赵石虎朝举兵称帝，事败被斩后，世人称其为“侯子杨”。

以《晋书·石季龙载纪上》中“弱冠美姿仪”的“侯子杨”对比一下《平复帖》里所描述的“吴子杨”——“威仪详跱”“举动成观，自躯体之美也”，二者何其相似！

还有《晋书·石季龙载纪上》中的“侯子杨”以“妖言”煽惑信众，“事微有验”；对比《平复帖》中的“吴子杨”“思识量之迈前，势所恒有，宜称之”，说的应该就是同一个人。

那么，侯子杨是后赵石虎当政时期的人，被杀时只是“弱冠”之年，且距陆机之死已有三十四年，那么，《平复帖》就不属于陆机所书。

至于《平复帖》里提到的“彦先”，谢、徐两位先生认为，这是一个在古代非常流行的人名或表字，粗粗一查，除了顾荣、贺循和全某表字“彦先”之外，南朝刘宋的傅劭，齐的丘景宾，梁的刘藻，北宋的孙思恭、高登、赵觉等；另曹魏有贺彦先，北魏有裴彦先，刘宋有顾彦先，唐有杜彦先、裴彦先、何彦先，宋有许彦先、李彦先、王彦先等。那么，可想而知，不属于名人的普通人，叫“彦先”的更多，因此并不能作为《平复帖》是陆机所书的依据。

综上所述，《平复帖》并不一定是陆机的作品，其书法成就并不像人们抬得那么高，但其在考古学上的分量，还是非常重的。

西晋章草书法家索靖所写《出师颂》在拍卖场上引发的轩然大波

2003 年 7 月，中国收藏界出现了一件引人瞩目的大事：嘉德拍卖行计划在其十周年庆典上拍卖西晋章草书法家索靖所写的《出师颂》。

索靖，字幼安，敦煌（甘肃）龙勒人，其书法艺术名动千古，后人盛赞“如风乎举，鸷鸟乍飞，如雪岭孤松，冰河危石”，险峻遒劲，堪“与羲（王羲之）、献（王献之）相先后也”。

王羲之、王献之父子的书法造诣，为书坛巅峰上数之一二者，索靖与之相提并论，则评价之高，不言而喻。

实际上，索靖的书法与王羲之、王献之父子还是有传承的。

索靖是东汉章草书法家张芝姐姐之孙，王羲之本人自称“对汉、魏书迹，惟推钟（繇）、张（芝）两家，余则不足观”。

后人称王羲之为“书圣”，东汉时人却称张芝为“草圣”。

索靖是张芝家书法传承者，其成就对王羲之、王献之草书影响亦深。

王羲之的书法老师之一、同时也是他的叔叔王廙，为晋元帝的姨弟，在随王室南渡时，随身只在怀里揣了叠成四折的索靖墨宝，秘密缝在内衣里。宋人看此帖时，四叠印仍在。

现在书法界有一定论：索靖的书法是中国书法从章草向行草过渡的特殊历史时期的代表。惜乎其真迹稀有，盛名淡却，后世几忘。

但不管如何，说王羲之在索靖、陆机、钟繇的章草基础上创造出流行至今的行草书法，那是没有任何异议的。

即嘉德拍卖行要拍卖索靖作品，自然轰动一时。

还有，《出师颂》是东汉人史孝山所写的一篇著名文赋，写于东汉名将邓骘出师讨伐羌人前夕，文中内容气如长虹，势若千军，在南梁朝被辑录昭明太子萧统的《文选》中。

而索靖书写《出师颂》，也是有着深刻的历史背景的。

《晋书》记载：“元康中，西戎反叛，拜靖大将军，梁王肜左司马，加荡寇将军，屯兵粟邑，击贼，败之。”

索靖曾拜大将军，统兵平定西戎反叛，他在这一时期写下的《出师颂》意义重大。

在此基础上，嘉德拍卖行大张旗鼓为这次要拍卖的宝物造势，他们是这样宣传的：“上面有宋高宗篆书大字晋墨，乾隆御笔题跋。索靖书《出师颂》，米友仁题记……谓之书林至宝，毫无溢誉之嫌。”

《出师颂》引首部分宋高宗之“晋墨”二字最具说服力，因为在宋朝，皇宫还藏有索靖的其他真迹，皇上对照题鉴，则其当为索靖作品的铁证。

国内媒体因此纷纷以“中国现存最早书法”“索靖存世真迹之唯一作品”“中国书法第二件作品”“晋代真迹”等词来形容这即将现身的

国宝。

还有媒体煽情无限地说，“这将是一件改变中国书法史与文物史的国宝，而且最终的拍卖价格还可能再创新高”——紧接着透露：国内有买家欲以三千万元的天价竞购此作品。

嘉德拍卖行也将这一宝物底价定为两千万，并放出风声：“徐邦达、启功、傅熹年都说好，是国宝，徐邦达与傅熹年都建议国家买。故宫博物院与北京文物局都开了研讨会要买这件好东西。”

随后，嘉德做出严正声明，为了国宝不流失海外，只作定向拍卖，即只准国内博物馆、国有企业等举拍。

接下来发生的事，几乎与嘉德所说一致：7 月 13 日定向拍卖、两千万起价、故宫博物院以两千两百万元天价成交。

事件本来应该就此结束，但剧情发生了神逆转——许多目睹过拍卖宝物的业内专家、学者指出：该作品并非索靖手笔，“故宫重金买了假货”。

为什么说这是一幅“假货”呢？

作品上面有北宋大书法家米芾之子米友仁的题跋，赫然书“隋贤书”三个字。

即米友仁认为这幅《出师颂》是隋朝人写的。

米友仁是北宋末年至南宋初年非常有名的鉴定家，对书画有极高的鉴赏力，曾被召入南宋绍兴内府鉴定所藏书画，多有鉴题，存世书法墨迹也多为鉴题，可信度极高。

为此，故宫方面不得不做出了回应。

故宫博物院研究员、同时也是《出师颂》专家鉴定小组成员的单国强向媒体做出解释，他的态度简单明了：故宫从来就没认为这个《出师颂》是索靖的作品，而将之视为隋代的作品。而且，在清宫内，也是将它作为隋代作品加以保存的。在乾隆时期刻的《三希堂法帖》中，也是将其视作隋人书。

既然已经知道它是一件伪作，为什么还要花大价钱拍下呢?

单国强说：“对于古代字画的鉴定首先必须明确鉴定的主旨。对于有款题的作品，鉴定的主要目的在于论证此作品是否确为落款作者的手笔，这里有真作和伪作的区别；而对于没有款署的作品，是没有所谓“真伪”问题的。因此，对无款作品《出师颂》大谈是真还是假，是真迹、摹本还是伪作，都是没有意义的，是缺少起码的书画鉴定常识的。”

那么，既然明知不是“晋墨”——不是晋朝人的作品，而是隋朝无名人氏临摹之作，为什么还要坚持购买呢?

单国强的回答是：隋代存在的历史年代非常短暂，则其能够流传下来并确定是隋代名家的书画作品十分稀少。即使有，也往往被认作是六朝或者是唐代的作品。而《出师颂》是以明确的隋书身份出现的。目前，故宫收藏的隋代作品只有一部写经，而别的朝代的书画珍品都有收藏：西晋有陆机《平复帖》，东晋有王珣《伯远帖》，唐代的就更多了，隋代作品是个缺件。

然而，敦煌出土隋人写《妙法莲华经》的拍卖价仅为六万元，现在这个隋朝无名人氏的作品却需要两千两百万元，它到底值不值这个价?

代表故宫从嘉德拍卖公司购回《出师颂》的梁金生的回答是：值！隋代非常短暂，能够流传下来并确定是隋代的法书十分稀少。《出师颂》回归后，故宫的馆藏书法就能够“串”起来了，而与敦煌出土隋人写《妙法莲华经》不同，隋人《出师颂》属于名迹。

应该说，故宫方面的解释可以平息一切争议了。

但是，事情还没有完。

有人提出，所谓“隋人《出师颂》”的说法也是靠不住的。

上海书法家协会秘书长、《书法研究》杂志主编、中国书法家协会学术委员戴小京指出：“宋高宗与米友仁是一殿君臣，在此卷中有米友仁题字：右《出师颂》，隋贤书，绍兴九年四月七日，臣米友仁书。要知

道米友仁因精于鉴赏而被任命为御用鉴定师。文献记载，高宗每得书法、名画，命之鉴定题跋于后，或谓一时附会帝意，画颇未佳而题识甚真者。如果米定为隋贤，高宗不会在卷首书晋墨，如果高宗已题晋墨于首，附会迎合帝意的米友仁断不敢再定为隋贤。嘉德版本的《出师颂》在历史上出现在明朝，当时过眼之人没有晋墨的记载，而在清初安仪周《墨缘汇观》时出现了晋墨的记载。可见晋墨是明朝人加上去的。”

戴小京这一说法极具杀伤力，宋高宗与米友仁为一殿君臣，即有米友仁题“隋贤书”就不会有宋高宗书“晋墨”；有宋高宗书“晋墨”，就不会有米友仁题“隋贤书”，足见此条幅是后人作假。

中国美术史权威、书画家陈传席，以及上海博物馆书画部研究员钟银兰又指出：“晋墨”两字是写在有五爪龙的纸上的，而“宋只有三爪龙、四爪龙，没有发现过五爪龙，这两字不可能是宋高宗所写”。

上海书法家协会副主席、隶章体书法权威张森加入补刀，说：“一眼就可以看出，这幅作品不是隋唐之前的东西，因为它没有晋代书法的时代韵味，隋唐之前的作品与其后的相比，要质朴厚重得多，唐之前毛笔用短锋，下笔就有厚重感，从笔法、结构、气势上来看，这幅作品下笔单薄，很可能是明人摹本。”

完了，《出师颂》不但不是晋人索靖的作品，也不是隋朝无名氏的作品，而是“明人摹本”，这回，故宫方面该怎么说？

单国强和梁金生都曾强调：故宫每次购买文物，都会组织专家反复论证。这次决定购买《出师颂》前，故宫组织启功、傅熹年等六位专家成立六人小组，召开过鉴定论证会。

九十岁的启功老先生是六人小组中最权威的书法家，他在接受记者采访时，明确表示：“晋墨两字是假的，那是明朝的纸，宋高宗如何可能在明朝的纸上写字？拍卖行是商业行为，乱炒！炒得越高越好。这就是他们的想法。我们从没有向国家推荐买这件东西。”

记者又电话采访了六人小组中的国宝级鉴定大师傅熹年，问：“傅老，听嘉德说您向国家建议购买这件国宝。”

傅熹年立刻回答说：“没有这个事情，绝对没有这个事，我没有写任何东西。《中国文物报》说我讲这个东西非常好，让国家买，我已经让他们更正了。公家问我什么态度，我就说了。哪些部分是假的，我也跟国家说了。媒体我一概不说。不要理它，越炒要加几倍的价格，吃亏的是国家。”

最后，对这事给出有力回应的还是单国强，他说：“《出师颂》属于故宫藏品，1922 年被溥杰携带出宫，后来流失。现在重新出现，故宫当然要不遗余力地回购收藏。”

故宫博物院院长郑欣淼也说：“因为种种历史原因，大量的故宫藏品流失。故宫博物院一直都在通过各种途径收回属于自己的藏品。如今成功购得《出师颂》，使得一件离开故宫八十年的珍品重新‘回宫’，这是为保护珍贵的国家文物所做出的努力，故宫所做的这一切，很值!”

不管怎么样，故宫购回《出师颂》已成不可改变的事实。

《兰亭集序》——王羲之作品之说存疑，一墓碑出土，争论又起

话说，1965 年 1 月 18 日，考古学家在南京市新国门外的人台山发掘了一座晋墓。

墓主可是历史名人——书圣王羲之的从弟王兴之及王兴之的夫人。

凭什么这么确定呢?

因为，墓中出土了两方石刻墓志，两志分刻两面，共计二百零三字，原原本本地交代了墓主的生平。

既然是书圣王羲之的亲人，那么，墓碑上文字的书法，就特别让人关注了。

提起王羲之的书法代表作，无疑是《兰亭集序》。

《兰亭集序》有“天下第一行书”之誉，自唐以降，众书家、藏家对之赞不绝口。

或称之“飘扬俊逸，旷绝千古”；又或称之“点画秀美，行气流畅”；又或称之“清风入袖，明月入怀”；又或称之“飘若浮云，矫若惊龙”；又或称之“遒媚劲健，绝代所无”……

但是，这王兴之墓碑上的书法，丝毫没有一点《兰亭集序》书法的影子，这不免让人遐思万千。

要知道，王氏作为东晋名门望族，族中可不只有一个王羲之的书法超凡入圣，其整个家族群拥有众多书法高手。

其中，王羲之的儿子王献之的成就更是达到了与父亲并称的高度，史称“二王”。

而且，家风惠及，王氏书法大家层出不穷，代代相传，传至王羲之的七世孙智永和尚，仍是影响千古的大书法家。

那么，《兰亭集序》既然是王羲之最得意之作，而王氏家族又都是书家汇聚，为何王兴之墓碑上的书法与《兰亭集序》差别迥乎天地，竟似毫无关系呢？

这就很让人感到纳闷了。

当然，是不用怀疑王兴之墓碑上石刻的真伪的。

其实，在王兴之墓碑出土的前一年，即1964年，该年9月9日，建筑工人在南京市雨花台东北五百米的戚家山施工时，掘土机也在地下挖出东晋谢鲲石刻墓志一方。

这谢鲲的来头也很大，他是东晋另一名门望族谢家的领军人物，他的侄子，就是后来运筹帷幄，取得淝水之战胜利的谢安。

谢氏家族中，以谢安、谢万为代表，也是书法名家辈出。

其中，谢安和王羲之交往甚深，书法颇受王羲之影响，有“纵任自在，若螭盘虎踞之势”之赞。

宋朝书法家米芾甚至称赞谢安的书法“山林妙寄，岩廊英举，不繇不羲，自发淡古”。

但是，谢鲲石刻墓志上的书法，和王兴之石刻墓志上的风格是一类的，即魏碑隶意，截然不同于《兰亭集序》。

非但如此，此前的1958年，在南京市老虎山南麓出土的东晋谢谦妻刘氏砖刻墓志上的书法，也是魏碑隶意。

实际上，回顾所有能看到的晋代碑刻和出土的晋代墨迹，包括被指认为疑似王羲之真迹、或后人对王羲之作品的摹本，如《初月帖》《孔侍中帖》《行穰帖》《上虞帖》《姨母帖》《丧乱贴》《豹奴帖》《十七帖》《青李来禽帖》《快雪时晴帖》等，都是草隶、隶书、章草，根本就没有《兰亭集序》里所表现出来的行书笔法！

那么，《兰亭集序》是否是东晋时代的产物，就非常可疑了。

换句话说，《兰亭集序》是否是王羲之的作品，就非常可疑了。

这真是让人细思极恐啊。

话说回来，王羲之在他所生活的时代至南朝梁陈年间，都一直稳坐书坛一哥的高位。

但生活在那段时间的人们，但凡称颂王羲之的书法作品，都只字不提《兰亭集序》，真是奇哉怪也。

梁武帝《书评》有评论王羲之的书法，压根没提《兰亭集序》，只是说：“王右军（即王羲之）书，字势雄强，如龙跳天门，虎卧凤阙。”

这些评语，与我们所看到的《兰亭集序》的字势，完全不搭。

《法书要录》卷二收录有梁武帝与陶弘景之间往来论书的书简，我们不妨来看一看。

梁武帝说：“逸少（王羲之字逸少）迹无甚极细书，《乐毅论》乃微粗健，恐非（王羲之）真迹。《太师箴》（王羲之另一作品）小复方媚，笔力过嫩，书体乖异。”

陶弘景表示赞同，说：“《乐毅论》愚心近甚疑是摹而不敢轻言，今旨以为非真，窃自信颇涉有悟。”

陶弘景又说："逸少有名之迹不过数首，《黄庭》《劝进》《像赞》《洛神》，此等不审犹得存不？"

梁武帝说："钟（繇）书乃有一卷，传以为真。意谓悉是摹学，多不足论。"

陶弘景："世论咸云'江东无复钟迹'，常以叹息。"

……

以上对话，传递出几个信息。

一、王羲之有名之迹有《黄庭》《劝进》《像赞》《洛神》，没有《兰亭集序》。

二、唐太宗李世民最为宝贝的书迹为《兰亭集序》与《乐毅论》。其中的《乐毅论》从南梁内府流出，于唐初进入内府时，褚遂良曾经过认真检校鉴定，认定为真迹。但从梁武帝和陶弘景的对话可知，梁朝内府的藏本已经是摹本而非真迹。

三、《黄庭》《劝进》《像赞》《洛神》等帖虽然有名，但仍尚不知是否真迹。

四、三国大书法家钟繇的一卷书法作品传入南梁内府，梁武帝一度以为真，但细考之下，仍是摹本。

五、在梁武帝时，钟、王的真迹已经寥若晨星，而依托临摹的风气却已盛极一时。

对于时人疯狂伪造大小二王书的现象，梁朝人虞龢《论书表》，其以"以茅屋漏汁，染变纸色"来形容。

那么，长期以来，一直寂寂无闻的"天下第一行书"《兰亭集序》是怎么突然出现在人们的眼前的呢？

《太平广记》所收唐人何延之的《兰亭记》，里面有详细叙述，十分离奇。

他说，《兰亭集序》的墨迹"凡二十八行，三百二十四字""右军亦自爱重，留付子孙，传掌至七代孙智永……禅师年近百岁乃终，其遗书付弟子辩才……至贞观中，太宗锐意学二王书，访募真迹备尽，唯《兰亭》未获。寻知在辩才处”。

这唐太宗想尽千方百计索取《兰亭集序》，但辩才来来回回只用两个字拒绝：没有。

宰相房玄龄急君王所急，想君王所想，推荐监察御史萧翼前往骗取。

这萧翼化装成风流逸士，与辩才交好，费尽了苦心，终于骗到了手。

唐太宗喜不自胜，对于房玄龄、萧翼、辩才都给了很重的赏赐，并命“赵模、韩道政、冯承素、诸葛贞四人各拓数本，以赐皇太子、诸王、近臣”。贞观二十三年，唐太宗病重，对儿子唐高宗耳语：“吾欲将所得《兰亭》去。”于是《兰亭集序》的真迹便被葬入了昭陵。

对于这种绘声绘色的描述，宋代文豪欧阳修的学生汝阴老人王铚批驳说：“此事鄙妄，仅同儿戏！太宗始定天下，威震万国，残老僧敢吝一纸耶？诚欲得之，必不狭陋若此！况在秦邸，岂能诡遣？台臣亦轻信之，何耶？”

想想也是，李世民如果已经贵为天子，一介残老僧人，岂敢吝惜一纸不献？李世民如果尚为秦王，又如何得台臣配合做出这等巧取豪夺之事？

最让人难以置信的是，李世民如果想要以《兰亭集序》陪葬，又何必向他儿子乞讨？

而且，他们父子之间的耳语又是谁偷听来的？

所以，王铚是不相信何延之说的这番鬼话的，对《兰亭集序》是否王羲之的作品是存疑的。

不过，与何延之同时代的刘悚，著有《隋唐嘉话》，书中也有关于《兰亭集序》现世的介绍。

该文述：梁末侯景作乱，王右军的《兰亭集序》流落到了民间。陈

朝天嘉年间，被僧人智永所得。到了太建年间，将之上献陈宣帝。隋平灭陈朝，有人以献晋王（即后来的隋炀帝），晋王并不以之为宝。后来僧人果永从晋王处借出临拓。晋王登位，忘记从果永处索还。果永死后，弟子僧辩得之。唐太宗为秦王日，见拓本惊喜，出高价购买，而《兰亭集序》终不至焉。及知在辩师处，使萧翼就越州求得之。《兰亭集序》于武德四年入秦府。贞观十年，乃拓十本以赐近臣。帝崩，中书令褚遂良奏："《兰亭》，先帝所重，不可留。"遂秘于昭陵。

两相比较，刘悚和何延之的说法差别并不是很大。总之，《兰亭集序》就是出于智永和尚处，后被唐太宗从辩才处索得，埋入昭陵。

南宋大词人姜夔对刘悚的说法表示不以为然，他说："梁武（帝）收右军帖二百七十余轴，当时唯言《黄庭》《乐毅》《告誓》，何为不及《兰亭》?"

言下之意，《兰亭集序》根本就不是从梁朝内府流出的。

有王铚、姜夔这两位先辈的怀疑在前，稍后的南宋书法家吴说不愿揣着明白装糊涂，直接挑破了窗户纸：这个《兰亭集序》根本就是智永和尚的作品！

吴说的说法可不是信口开河，而是有一定根据的。

智永的俗名为王法极，前面也说了，他是王羲之的七世孙，在永兴寺出家当和尚，临书三十年，能兼诸体，尤善草书，隋炀帝称赞他的书法是"得右军之肉"。

智永的真草书《千字文》写有八百多本，其石刻至今还保存在西安碑林中。

世传墨池堂祖本智永所书的王羲之《告誓文》后有"智永"的题名，其用笔结构和《兰亭集序》，完全是一个体系。

所以，《兰亭集序》是智永作品之说是有一定依据的。

后世如清诗人舒位、藏书家赵魏、刊刻家阮元、画家赵之谦、书法家包世臣、金石家甘熙等人，也都从艺术鉴定的角度提出自己的见解：

《兰亭集序》并非王羲之手迹，而是后人伪托王羲之之名的伪作，而作伪嫌疑最大的人，就是智永和尚。

阮元在《揅经室续集》卷三答：“余旧守‘无征不从’之例，而心折于晋宋（指南朝刘宋朝）之砖，为其下真迹一等，古人不我欺也。试审此册内永和三、六、八、九、十年各砖隶体，乃造坯世俗工人所写。何古雅若此。且‘永和九年’反文隶字，尤为奇古。永和六年王氏墓，当是羲之之族。何与《兰亭》决不相类耶……”

书法家包世臣称，他亲眼见过王羲之真迹如《东方先生画赞》《洛神赋》的南唐拓本，“笔笔皆同汉隶”。

甘熙《白下琐言》卷三则说：“过扬州，于市上得晋残砖一块，其文曰‘永和右军’。四字晋砖拓本纯乎隶体，尚带篆意，距楷尚远。此为彼时造城砖者所书，可见东晋世间字体大类如此。唐太宗所得《兰亭序》恐是梁陈时人所书。”

李文田干脆在旧藏定武本之后题跋称：“唐人称《兰亭》，自刘悚《隋唐嘉话》始矣。嗣此何延之撰《兰亭记》，述萧翼赚《兰亭》事如目睹，今此记在《太平广记》中。第鄙意以为定武石刻未必晋人书，以今见晋碑，皆未能有此一种笔意，此南朝梁、陈以后之迹也。”

李文田最后断定：“故世无右军书则已，苟或有之，必其与《爨宝子》《爨龙颜》相近而后可。”

即王羲之的书体只能与流传下来最有名的晋代碑刻《爨龙颜碑》和《爨宝子》相类似。

……

1965 年，即王兴之墓出土石刻墓志这年，对古文及古文字有极深造诣的郭沫若，在结合以上古人的见解上，又根据考古成就，提出结论：《兰亭集序》帖并不是王羲之的作品，而是出自智永和尚之手。

另外，以现在的眼光看，从艺术角度来说，《兰亭集序》乃是书、文双绝。即书法一流，文章一流——其书法地位不再赘言，其文已收入

《古文观止》，其文学造诣之高，可见一斑。

但就是这样一篇上乘佳作，南齐昭明太子萧统编《昭明文选》居然不录，这事儿该怎么解释呢？

比较合理的推测，就是它是南梁以后的文人在王羲之原稿之上的加工之作。

首先，王羲之的《兰亭集序》和西晋富豪石崇所写的《金谷诗序》是同一类东西，字数相当，叙述如出一辙。

《世说新语·企羡十六》称“王右军得人以《兰亭集序》方《金谷诗序》，又以己敌石崇，甚有欣色”，即王羲之作《兰亭集序》，有人拿之与石崇的《金谷诗序》相提并论，王羲之非常高兴。

石崇《金谷诗序》：余以元康六年，从太仆卿出为使持节监青、徐诸军事、征虏将军。有别庐在河南县界金谷涧中，去城十里，或高或下，有清泉茂林，众果、竹、柏、药草之属，莫不毕备。又有水碓、鱼池、土窟，其为娱目欢心之物备矣。时征西大将军祭酒王诩当还长安，余与众贤共送往涧中，昼夜游宴，屡迁其坐，或登高临下，或列坐水滨。时琴、瑟、笙、筑，合载车中，道路并作；及住，令与鼓吹递奏。遂各赋诗以叙中怀，或不能者，罚酒三斗。感性命之不永，惧凋落之无期，故具列时人官号、姓名、年纪，又写诗著后。后之好事者，其览之哉！凡三十人，吴王师、议郎关中侯、始平武功苏绍，字世嗣，年五十，为首。

王羲之的《兰亭集序》：永和九年，岁在癸丑，暮春之初，会于会稽山阴之兰亭，修禊事也。群贤毕至，少长咸集。此地有崇山峻岭，茂林修竹，又有清流激湍，映带左右，引以为流觞曲水，列坐其次。虽无丝竹管弦之盛，一觞一咏，亦足以畅叙幽情矣。是日也，天朗气清，惠风和畅。娱目骋怀，信可乐也。

故列叙时人，录其所述。右将军司马太原孙丞公等二十六人，赋诗如左。前余姚令会稽谢胜等十五人，不能赋诗，罚酒各三斗。

但是，现在传世的书法《兰亭集序》帖却于“亦足以畅叙幽情”之后的文字，另外多出了“仰观宇宙之大，俯察品类之盛，所以游目骋怀，足以极视听之娱，信可乐也。夫人之相与，俯仰一世。或取诸怀抱……”一大段抒情文字。

实际上，《兰亭集序》能成为传世佳文，能收入《古文观止》，就是因为后来这一大段文字使原文有了灵魂，提高了品格。

那么，南齐昭明太子萧统编《昭明文选》不录《兰亭集序》原作的缘由，就非常明显了。

可见从王羲之真迹到后世所见的《兰亭集序》帖，为后人动了手脚，增删文字也是显而易见的。

即无论从书法角度还是从文学角度看，“天下第一行书”《兰亭集序》帖是否出自王羲之之手，真不好说。